新媒体 · 新传播 · 新运营 系列丛书

U0740000

新媒体营销应用实战

| 微课版 |

徐征　张璐◎主编

吕梁　颜康亢◎副主编

New Media

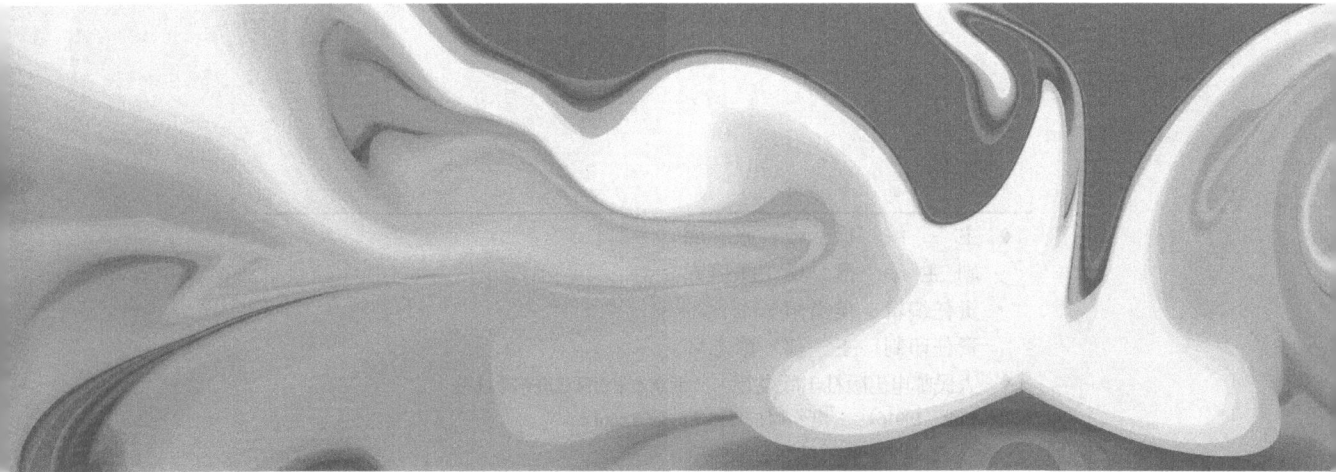

人民邮电出版社

北京

图书在版编目（CIP）数据

新媒体营销应用实战 ：微课版 / 徐征，张璐主编
. -- 北京 ：人民邮电出版社，2024.6
（新媒体·新传播·新运营系列丛书）
ISBN 978-7-115-63751-2

Ⅰ．①新… Ⅱ．①徐… ②张… Ⅲ．①网络营销
Ⅳ．①F713.365.2

中国国家版本馆CIP数据核字(2024)第035265号

内 容 提 要

本书突出"以应用为主线，以实战技能为核心"的编写特点，系统阐述了新媒体营销的基础知识、应用技巧和实战方法。

本书共 10 章，具体内容包括认识新媒体营销、微信朋友圈营销、微信公众号营销、社群营销、短视频营销、直播营销、H5 营销、内容营销、其他新媒体营销方式、新媒体数据分析与应用。全书涵盖社交平台、短视频平台、直播平台、内容平台、O2O 平台等新媒体平台的营销方法与技巧，旨在培养读者新媒体营销的系统性思维与实践能力。

本书可以作为高等院校、职业院校市场营销、电子商务、网络与新媒体等相关专业新媒体营销课程的教材，也可以作为新媒体营销行业从业人员的自学用书。

◆ 主　编　徐　征　张　璐
　　副主编　吕　梁　颜康亢
　　责任编辑　侯潇雨
　　责任印制　王　郁　彭志环
◆ 人民邮电出版社出版发行　　北京市丰台区成寿寺路 11 号
　　邮编　100164　　电子邮件　315@ptpress.com.cn
　　网址　https://www.ptpress.com.cn
　　固安县铭成印刷有限公司印刷
◆ 开本：787×1092　1/16
　　印张：12.75　　　　　　　　　　2024 年 6 月第 1 版
　　字数：321 千字　　　　　　　2025 年 3 月河北第 2 次印刷

定价：49.80 元

读者服务热线：(010)81055256　印装质量热线：(010)81055316
反盗版热线：(010)81055315

　　党的二十大报告指出："加快发展数字经济，促进数字经济和实体经济深度融合，打造具有国际竞争力的数字产业集群。"电子商务、新媒体等新业态在数字经济中占据重要地位，发挥重要作用。随着互联网行业的不断发展，微信、抖音、小红书、今日头条、微博等新媒体平台的功能不再局限于信息传播与社会交往，其附加的商业价值也日益显现。新媒体平台低门槛的优势使得人人都可以利用其宣传商品、展示线下活动等。新媒体平台被越来越多的企业和个人作为营销活动的重要载体，市场前景广阔。社会对新媒体营销技能人才的需求量巨大，对能及时反映新媒体营销新技术、新方法、新标准的教材的需求日益迫切。因此，为了培养更多的新媒体营销人才，我们组织并编写了本书。

本书主要内容

　　本书基于企业新媒体营销相关岗位能力的要求，将新媒体营销过程中所使用到的平台、工具、知识和技能以图文并茂的形式进行讲解，具有很强的可读性。本书共 10 章，主要内容如下。

　　第 1 章为认识新媒体营销，包括新媒体营销概述、新媒体营销策略、新媒体平台。

　　第 2 章为微信朋友圈营销，包括认识微信、在微信增加用户的方法、微信朋友圈营销实战。

　　第 3 章为微信公众号营销，包括微信公众号的商业价值、微信公众号的注册与设置、微信公众号的设计、微信公众号营销文案写作、微信公众号文案排版、微信公众号的营销策略。

　　第 4 章为社群营销，包括认识社群营销、创建和管理社群、社群营销活动、社群变现的常见模式。

　　第 5 章为短视频营销，包括短视频营销概述、短视频拍摄与制作流程、拍摄与制作抖音短视频、使用剪映剪辑短视频。

　　第 6 章为直播营销，包括直播营销入门、直播预热、直播中营销、直播后二次营销。

　　第 7 章为 H5 营销，包括 H5 营销的基础知识、H5 营销的内容制作、H5 营销的推广。

　　第 8 章为内容营销，包括内容营销概述、今日头条营销、小红书营销、微博营销。

第 9 章为其他新媒体营销方式，包括 App 营销与运营、O2O 营销、二维码营销。

第 10 章为新媒体数据分析与应用，包括新媒体数据分析概述、微信公众号数据分析、短视频数据分析、直播数据分析。

本书主要特点

本书主要具有以下特点。

1．知识点清晰，结构合理

本书按照"知识讲解＋技能实训＋思考与练习"的方式进行讲解，让读者在学习基础知识的同时，能够进行实战操作，最后通过练习题巩固知识，使读者充分掌握新媒体营销的方法和技巧。

2．结合平台，注重实训

本书深入剖析了新媒体平台营销的策略，帮助读者快速掌握新媒体平台营销的实战技巧；另外，从实用角度出发，本书还介绍了许多新媒体平台运营的操作方法，且每章配有技能实训，方便读者学以致用。

3．案例主导，图解教学

本书提供了大量新媒体营销的精彩案例，采用图解教学的形式，一步一图，使读者通过案例能一学即会、举一反三。案例以文字和图片相结合的形式展现，提高了本书的可读性，能帮助读者快速理解和掌握相关知识。

在本书编写过程中，编者得到了众多业内专家的支持，在此表示衷心的感谢。由于编者水平有限，书中难免存在不足之处，恳请广大读者批评指正。

编　者

2024 年 4 月

目录
CONTENTS

第3章 微信公众号营销

第4章 社群营销

第7章 H5营销

第8章 内容营销

第1章

认识新媒体营销

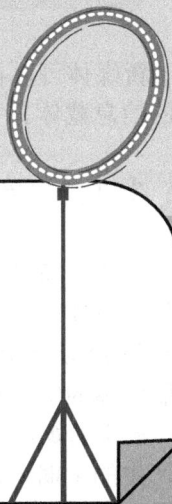

随着移动互联网的发展，各种新媒体平台如雨后春笋般涌现。新媒体以相对较低的推广成本、用户年轻且付费意愿强、与用户面对面沟通的机制等优势，成为企业青睐的营销平台。很多知名品牌都充分利用了各种新媒体渠道开展营销推广，提高了品牌知名度，增加了忠实粉丝的数量，可见新媒体营销是非常有效的。因此，为了更有效地开展新媒体营销，营销人员应当对新媒体营销的知识有所了解。

- 了解新媒体的定义
- 了解新媒体营销的定义
- 掌握新媒体营销的核心理论
- 熟练应用新媒体营销策略
- 熟练使用常见的新媒体平台
- 培养顽强拼搏、无私奉献、自强不息、为国争光的精神

1.1 新媒体营销概述

新媒体可以被理解为"新兴媒体"，即通过技术手段改变信息传送的通道，形成的一种新的信息载体。

1.1.1 新媒体的定义

媒体一词是拉丁语 Medius 的音译，也常被翻译为媒介。广义的媒体，泛指人们用来传递信息与获取信息的工具、渠道、载体、中介物或技术手段。传播学家马歇尔·麦克卢汉的观点是："从社会意义上看，媒介即信息。"媒体是人感官的延伸，如文字也是媒体，文字和印刷媒体的结合便是人视觉能力的延伸。

狭义的媒体，则指的是传统的四大媒体，包括电视、广播、报纸和杂志，它们是人类社会产生的早期媒体形式。新媒体是相对于传统媒体而言的，指随着计算机网络及数字技术的发展而兴起的媒体，包括网络媒体、手机媒体、数字电视等。

"新媒体"的概念是动态的，如互联网门户网站、应用论坛、电子邮件等在20世纪90年代刚兴起时曾被称为新媒体，但随着时间的推移，PC端的内容逐渐被归类到传统媒体中，近年来被称为新媒体的则是随着移动互联网技术的发展而兴起的媒体。通俗地说，新媒体可以简单地理解为数字化时代的各种媒体形态，其在不断发展、不断变化。

（1）社交应用类新媒体：QQ、微信、微博等。图1-1所示为微博。

图1-1　微博

（2）新闻资讯类新媒体：新浪新闻、今日头条等。图1-2所示为今日头条。

（3）视频娱乐类新媒体：哔哩哔哩、抖音、快手、小红书等。图1-3所示为抖音。

新媒体的本质：人人都可以是传播者，人人也都可以是生产者。传统媒体的生产者大多比较专业，如编辑、制片人、主播、作者等，而普通大众在其中充当的角色只是传播者。新媒体出现之后，每个人都可能是生产者，都可以通过各类新媒体平台，如微博、微信、今日头条、抖音、快手等发出自己的声音。

图1-2 今日头条

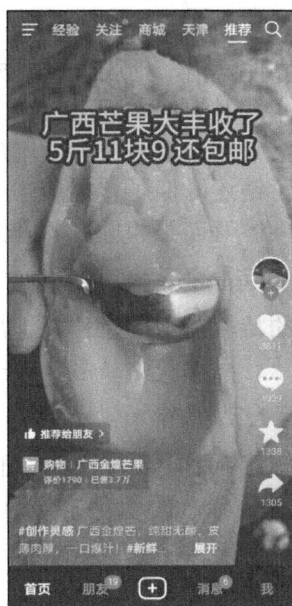

图1-3 抖音

1.1.2 新媒体营销的定义与特征

新媒体营销是指利用新媒体平台进行营销的方式。新媒体营销人员通过在新媒体平台上发布影响广泛的信息，使用户参与到具体营销活动的互动中。新媒体营销人员借助新媒体平台和舆论热点来向用户传递某种概念、观点和思路，使企业或商品得到更好的宣传。

新媒体营销主要有以下特征。

1. 互动性强

新媒体营销最大的特征就是互动性强，用户可以在新媒体平台主动参与活动、分享、评论、点赞。通过新媒体，用户可以直接与企业在线沟通，同时企业可通过用户反馈的信息，回答用户的疑问，对商品进行改进，来满足用户需求。在这个过程中，用户不仅会开始了解企业，还能体验企业的服务。这种互动性强的体验往往让用户与企业产生情感联系，从而增加用户的品牌忠诚度。图1-4所示为互动性强的直播营销。

图1-4 互动性强的直播营销

2. 投入成本低

通过新媒体营销，企业可以根据市场需求迅速做出宣传调整，不需要花费高昂的广告费用，经济成本和时间成本都比较低。企业只需要在新媒体平台上投放具有创意的广告，引起用户的兴趣，让广告能够被大量用户看到，就能起到很好的宣传作用。

新媒体营销还降低了传播成本。传统媒体营销需要企业花费大量资金；而新媒体营销，如果营销的内容有创意和价值，人们乐意转载分享，就可以低成本、快速地传播。

3. 信息传播速度快

新媒体的特性在于信息传播速度非常快，这一点在微信群、抖音平台得到了充分体现。依靠用户分享，活动和商品信息等都可以以极快的速度传播。

4. 广告投放精准

传统媒体营销采用"广撒网"的宣传方式，通常没有宣传重点，所以大部分广告的投放资源利用率比较低。而新媒体营销的广告投放更精准：目标群体不会被无关信息干扰，看到的广告是适合自己的广告；而非目标群体不用接收相关广告信息，也降低了企业的广告费用。

5. 模式多样

新媒体营销具有模式多样的特征，如文字、图片、音频、视频等模式，不仅满足了不同品牌和商品的不同营销需要，还迎合了现代人的消费习惯。图 1-5 所示为通过图文和视频等模式进行营销。

6. 个性化

新媒体营销改变了信息的接收方式，用户获取信息从传统的被动型转换为主动型。通过各大新媒体平台，如微信、哔哩哔哩、抖音等，用户可以主动地选择自己感兴趣的内容，

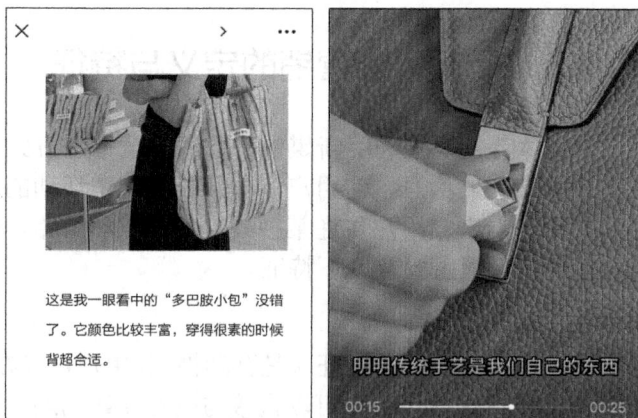

图1-5　通过图文和视频等模式进行营销

了解内容后还能够变成内容的传播者，分享自己的观点，这样又进一步扩大了宣传范围。

7. 数据统计更加完善

企业可以对多个新媒体平台的数据进行监控和分析，包括用户量、阅读量、转发量、评论量等数据，从而更好地了解市场和用户，制定更有针对性的营销策略。通过对后台数据进行科学的整理，明确用户真正在乎的关键点，企业可以有针对性地对商品进行改善，从而提高用户的转化率。

1.1.3　新媒体营销的核心理论

市场营销领域有诸多理论，包括 4P、4C 和 4I 等理论。4I 理论适用于传播范围较为广泛的营销模式，如微信营销、互动营销、自媒体营销等。因此，企业在新媒体营销中可以使用 4I 理论，并根据 4I 理论制定基本或整体的营销策略。

1. 趣味（Interesting）原则

无论是新媒体的内容运营，还是以互动广告形式进行的品牌传播，都要饱含趣味性。广告本身讲究创意，而互联网时代下的新媒体营销则需要既有趣又有创意。

2. 利益（Interests）原则

新媒体营销活动要为目标受众提供切实的利益。企业实施营销活动时，要站在目标受众的角度思考问题，分析目标受众为什么要参加活动、参加活动对他们有什么好处等。分析目标受众的心理，结合营销方式和技巧，设法激发目标受众的参与欲望，就能引导目标受众产生进一步的行动。

3. 互动（Interaction）原则

新媒体具有交互性，企业利用这种特性与用户进行交流，可以增强新媒体营销的作用。

4. 个性（Individuality）原则

新媒体营销实现个性化，将会使用户得到被关注、被重视的满足感。新媒体个性化营销不仅可以引发用户互动，还能够有效提高用户消费行为发生的概率。

新媒体个性化营销旨在让用户感到这个营销活动就是为自己量身打造的，使用户的尊重需求得到极大的满足，从而促成交易。

1.2　新媒体营销策略

随着移动互联网的快速发展，新媒体营销依靠其极高的传播速度和广泛的受众群体，而成为企业品牌推广的重要方式。本节将介绍新媒体营销的常见策略，如口碑营销、情感营销、事件营销、借势营销、IP营销、社群营销、会员营销等。

1.2.1　口碑营销

口碑是指用户对商品或品牌的评价。口碑营销就是打造良好的口碑，使用户对商品或品牌产生信任感，并自主传播有利于商品或品牌的信息，从而为商品或品牌树立正面积极的形象。

1. 做好口碑营销的关键点

做好口碑营销的关键点如下。

（1）提供卓越的商品或服务。口碑营销的第一步是提供卓越的商品或服务，只有当用户对商品或服务有较好的体验和较高的满意度时，才会愿意向其他人推荐。因此，品牌要注重商品质量和服务，根据市场需求，不断进行升级和优化，以确保商品的质量和服务更好。通过卓越的商品和出色的服务，企业能够赢得用户的口碑。

（2）创造令用户难忘的体验。用户体验是口碑营销中的重要环节。通过创造令用户难忘的体验，例如提供个性化的服务、良好的售后支持等，企业能够赢得用户的满意和良好的口碑。

（3）建立良好的品牌形象，增加口碑传播力度。品牌形象是口碑营销的关键因素。要想打造良好的品牌形象，企业需要注重品牌设计和品牌传播。企业要设计出符合自己商品特

5

点和市场需求的品牌形象，如标志、广告语等。同时，企业要通过各种渠道扩大品牌知名度，如微信公众号、短视频平台等，通过传播品牌价值观、企业文化等内容，增加用户的信任感和认可度，从而增加口碑传播力度。

（4）瞄准核心用户。要打造口碑，一定要抓住核心用户。也就是说，最能传播品牌口碑、能将品牌推荐给潜在用户的高价值用户应该成为口碑营销的目标。

（5）引导用户参与品牌故事的创作和传播。口碑营销需要引发用户的情感共鸣。通过引导用户参与品牌故事的创作和传播，例如通过用户生成内容（UGC）活动，用户能够与品牌建立更深层次的关系，愿意分享自己的故事和体验，从而提升品牌口碑。

（6）提供激励和奖励机制。激励和奖励机制是口碑营销的重要手段。通过提供折扣、礼品或特别待遇等，鼓励用户积极参与口碑传播，分享自己的购买体验，从而增加品牌的口碑影响力。

（7）关注用户反馈并做出改进。口碑营销需要重视用户的反馈和意见。积极回应用户的反馈和意见，并及时做出改进，展示品牌对用户意见的重视，能够赢得用户的赞赏和口碑支持。

（8）利用社交媒体和在线评价。社交媒体和在线评价是口碑营销的主要渠道之一。通过积极参与社交媒体的讨论和回应用户的评论，引导正面的用户评价（见图1-6），能够增强品牌的口碑影响力。

（9）理性应对负面评价。当然，在进行口碑营销时，总是存在用户给出负面评价的情况，关键是如何理性应对这些评价。及时回应，积极解决问题，这样会让用户感受到品牌的专业性和用心程度。

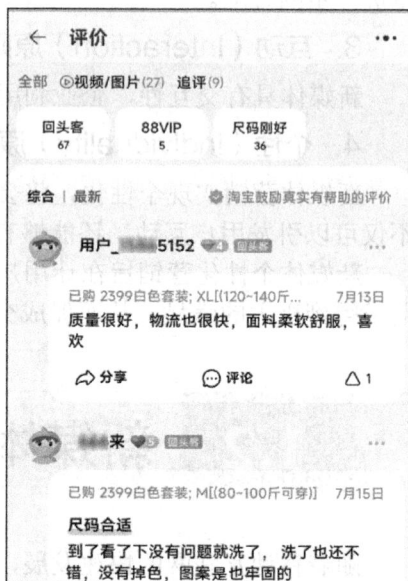

图1-6　正面的用户评价

素质课堂

口碑营销是一种强大的品牌推广策略。通过积极的口碑传播，企业能够赢得用户的支持和推荐，进而提高品牌的知名度和美誉度。口碑营销需要建立在良好的商品或服务质量上，企业应诚实守信经营，优化用户的体验，增强口碑营销的效果。

海底捞是口碑营销的典型案例。海底捞为何会如此出名？有人归功于海底捞的微博营销，事实上，真正让海底捞火起来的是其独具特色的服务和在此基础上的口碑营销。

海底捞的口碑还源自对服务的不断改善。海底捞优质的服务让更多的用户走进店中，并达到口口相传的效果。

2. 口碑营销的实施

企业利用新媒体平台进行口碑营销，既能降低成本，又能树立自身的良好形象，可谓一举两得。那么，应该如何实施口碑营销呢？

（1）选择发声身份。调查数据显示，人们想了解某种商品或服务信息时，更关注第三

方对该商品或服务的评价与看法。进行口碑营销时，应
满足消费群体的口碑搜索需求，所以发声身份十分重要。
不同的发声身份会给人们带来不同的感受，在各种场景
下达到的效果也不同。

（2）确定形式。口碑营销的形式有多种，不同的形
式会对用户产生不同的效果。具体有两种典型的形式。

●问答：通过问答平台（如百度知道、知乎等）、论
坛进行问答。一个完整的问答，有提问，有回答，也有
企业官方、相关同行等形成的互动讨论。在这种平等的
交流互动中，无形地输出商品和品牌信息，使用户更易
信任。

●评论：在新媒体平台等通过短评或文章的形式对
品牌或商品进行评论。用户阅读评论，会将企业或商品
的信息传播出去。图1-7所示为美团商家的口碑营销。

（3）选择发布平台。对不同的内容需要选择不同的
发布平台，这样才能获得更好的营销效果。企业应根据
目标人群、内容的不同选择不同的发布平台，以获得更
好的营销效果。

图1-7　美团商家的口碑营销

（4）信息持续维护。营销人员需要在互动中传播、完善企业的商品信息，在保持内容热
度的同时抓住潜在用户，提升口碑营销的效果。

1.2.2　情感营销

情感营销是指从用户的情感出发，通过唤起用户的情感需求、激起用户的情感共鸣、建
立与用户的情感连接进行营销。

为商品和服务注入情感色彩，能使用户产生情感上的共鸣。情感营销正在逐渐发展，成
为打动人心的一种营销方式。

1. 情感营销策略

情感营销主要包含以下几个策略。

（1）建立情感标签。企业需要根据自身的特点，选择合适的新媒体平台，建立精准的情
感标签。情感标签要根据情感差异性和市场调查建立，要与商品相匹配。

（2）塑造形象。在微信、抖音等新媒体平台，企业的整体形象要清晰，具有辨识度。

（3）建立情感联系。企业应用不同的交流方式、不同的推送内容，与不同地区、年龄、性
别的用户进行互动；坚持发布有使用价值和持续性的内容，及时回复用户信息，与用户建立良
好的情感联系；尊重不同用户之间存在的情感、行为差异，培养忠实用户，提高消费转化率。

（4）与用户进行情感互动。与用户建立情感联系的同时，还要增强用户的参与感，让用
户参与互动。营销时可以将富有情感的内容发布在新媒体平台上，采用提问、抽奖等形式引
导用户评论、转发，也可以开展与情感主题相关的互动游戏。

2. 情感营销的实施

情感营销可以让用户从心理上对企业和品牌产生信任感，增加企业和品牌的忠实用户，
这有益于企业和品牌的发展。下面以微信营销为例，介绍情感营销的实施方法。

（1）调整账号信息。微信账号的头像、昵称、签名等尽量不要涉及商品的内容，否则容易引起用户的反感。头像可以使用真人头像（如背影、侧脸）等，从而让用户觉得与自己沟通交流的是活生生的人而不是冷冰冰的机器。这样可以进一步拉近企业与用户的距离，企业与用户更容易产生情感上的交流。

（2）发布生活化的信息。企业可以在朋友圈里发布生活照以及其他生活化的信息，切忌整个朋友圈都是广告信息。有品位、饱含正能量的生活照更容易向用户展示企业的良好形象，使用户觉得企业可靠。

（3）引发用户的情感共鸣。企业可以根据网上的热点新闻或者生活感受制造话题，反映人们的生活需求和情感需求。只有引起用户的情感共鸣，才能让用户更好地参与互动，从而拉近企业与用户的距离，促进交易的达成。

（4）发布专业知识。在这个信息大爆炸的时代，人们更愿意关注干货。在朋友圈发布专业知识，更容易获得用户的关注。例如，在销售服装或者化妆品时，可以发布一些服装搭配、美妆教程等。在用户吸收干货的同时，企业树立了专业、靠谱的形象。

1.2.3　事件营销

事件营销是指通过策划和组织并利用有价值、有影响力、有名人效应的事件，引起媒体、社会和用户的兴趣，促使企业或商品的形象更突出，最终使商品或服务被销售出去的手段和方法。事件营销突发性强，它可以用较低的成本在短期内把信息更广、更快地传播出去，因而是目前较为流行的一种营销方式。

1. 事件营销的要素

事件营销集新闻效应、广告效应、公共关系、形象传播、用户关系于一体，可以为商品上新、品牌展示创造机会，也可以快速提高品牌的知名度与美誉度。事件营销的要素包括以下4点。

（1）重要性。重要性指事件的重要程度。判断事件重要与否的标准主要是其对社会产生影响的大小。一般来说，事件对越多的人产生越大的影响，重要性就越大。因此，在进行事件营销时，要尽量选择影响力比较大、比较重要的事件。

（2）接近性。越是心理上、利益上和地理上与受众接近和相关的事件，营销价值就越大。因此，在策划事件营销时，要遵循接近性的原则，选择与受众生活接近的事件。只有事件与受众息息相关，才能广泛地引起受众的注意，达到事半功倍的营销效果。

（3）显著性。知名人士、历史名城更容易产生重大新闻。如果在进行事件营销时，企业能利用这些重大新闻，将会产生更大的传播影响力。因此，人物、地点、事件的知名度越高，事件营销的成功概率就越大。

（4）趣味性。每个人都有好奇心，因此对新奇、反常规的事件会更容易去积极探索和接受。事件营销具有趣味性，可以更好地勾起并满足人们的好奇心。

2. 事件营销的实施

企业可以按照以下步骤来实施事件营销。

（1）事件策划。要想进行事件营销，首先要确定：什么类型的事件能同商品相匹配，或者有助于实现营销目标。回答这两个问题都需要对商品的特点有充分的了解，并以商品的特点为基础进行延伸，寻找事件营销的契机。

（2）选择渠道。在进行事件营销时，需要综合运用抖音、今日头条、微信等流量较大的渠道，达到引流的效果。

（3）制造热点事件。可以制造一些比较能吸引人的热点事件，抓住用户的眼球。事件可搞笑、可特立独行，要能引起人们的讨论。

（4）事件发酵。事件发酵常用的方法有请媒体撰写新闻评论、进行肯定性或质疑性报道、参与事件讨论与评论。企业需要根据自身情况来选择方法，通过针对性手段，让事件不断扩散，以引发讨论。

（5）持续跟进。在事件营销过程中，要持续跟进，并利用人们的好奇心推动事件的发展。

1.2.4 借势营销

借势营销是将商品推广融入用户喜闻乐见的环境，使用户在该环境中了解并接受商品的营销方式。借势营销是新媒体营销中非常重要的一种方法，新媒体营销人员要在借势的过程中把握好时机，将营销的目的隐藏在借助的"势"中。

1. 借势营销的方式

借势营销可以起到宣传商品、传播品牌和聚集粉丝的作用，一般通过借助节气、节日、社会重点事件和名人等达到营销目的。

（1）借助节气营销。节气与生活息息相关，因此，企业借助节气开展营销容易拉近与用户的距离。但在借势营销时，企业应该查阅相关资料，了解节气对应的风俗习惯，结合商品或品牌的特点开展营销。

（2）借助节日营销。借助节日营销也是较为常见的借势营销方式。因为节日广受关注，且大部分节日会有假期，用户有更多的时间与精力浏览新媒体平台的内容，所以借助节日营销可以达到很好的营销效果。一般而言，借势营销常用的节日包括元旦、三八节、春节、元宵节、端午节、中秋节和国庆节等，以及随着电商行业的发展而形成的"6·18""双十一"等。图1-8所示为借助中秋节营销。

（3）借助社会重点事件营销。社会重点事件本身具有很强的传播性，能引起用户的广泛关注，企业如果"势"借得好，就可以促使新媒体账号的粉丝数增长，提高商品销量，树立良好的企业形象。

例如，如果能抓住奥运会这个大家都关注的社会重点事件进行新媒体营销，企业可以在投入很少资金的情况下做好营销推广。企业的官方微博可以发布一些有关奥运会的趣图、趣事，其要能够激起大家评论的欲望。图1-9所示为安踏借助奥运会进行微博营销。

图1-8 借助中秋节营销

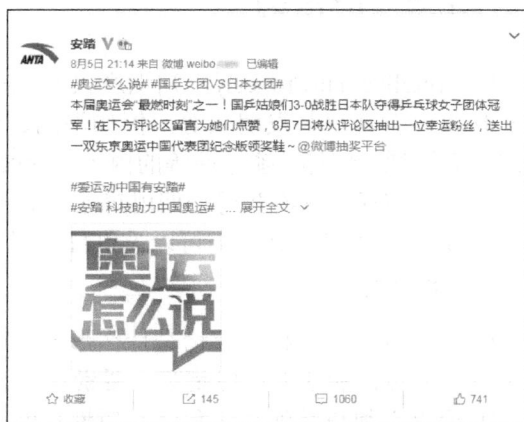

图1-9 安踏借助奥运会进行微博营销

素质课堂

　　奥运会是一项家喻户晓的大型活动，在全球具有广泛的影响力。2021年的7—8月，参加东京奥运会的中国运动员凭借自身实力一次又一次地登上热搜，他们以自己的正能量获得了网民的赞扬与尊重。

　　参加奥运会的中国运动员"顽强拼搏、为国争光"的精神，再一次激发起大家的爱国情怀。国家的强大给予了运动员民族自信，让运动员的成绩越来越好。运动员每一次比赛，每一次拼搏，每一次坚持，最终目标都是让国旗升起，让国歌奏响，不辜负祖国对自己的培养。

　　（4）借助名人营销。企业如果能够借助名人的影响力和号召力进行营销，就可以迅速吸引粉丝关注，充分展示品牌形象，形成涟漪式传播，从而完成名人粉丝向品牌粉丝的转化，实现品牌声量与市场销量的提高。企业可选择与品牌形象相契合的名人作为形象代言人，充分发挥名人效应来吸引粉丝互动，增加粉丝对品牌的好感和信任感，最终促成从名人粉丝到品牌购买者的转化。

2. 借势营销的实施

　　借势营销的实施要点如下。

　　（1）选择合适的热点。每天都有各种大大小小的热点不断出现，新媒体营销人员需从中筛选出符合商品特性与用户定位的热点，进而策划相应的营销活动。通常企业可以借助的热点有娱乐热点、社会热点及节日热点等。

　　（2）快速反应。合适的热点有时稍纵即逝。在互联网上，一个热点的平均"寿命"不超过3天。新媒体营销人员需要在热点出现的第一时间策划出相应的传播方案，因为用户会对最先跟进热点的内容产生好奇心，后来者的影响力往往远低于先行者。若企业率先发起借势营销，则更有可能取得成功。

　　（3）进行创意策划。针对日常的热点，新媒体营销人员可以对商品信息进行适当改动并迅速制作出传播内容。针对大型热点或企业自身、同行业热点等，新媒体营销人员需要进行周密的活动策划，从前期策划、中期传播到后期收尾的每一步，都需设计传播点并植入商品信息。

1.2.5 IP营销

　　IP（Intellectual Property，知识产权），在目前的互联网时代一般指文学和其他艺术作品的著作权、发现权与发明权等，例如漫画、动画、游戏、影视剧等。IP营销是指品牌通过打造具有情感、情怀、趣味性等的内容，持续输出价值，聚集用户，使其认同品牌的价值观，对品牌产生信任，从而获得长期用户流量的营销方式。

　　将IP与品牌进行结合，可以吸引目标用户的注意力，并提高品牌的美誉度和销售额。

1. IP形象

　　IP形象可以有多种，无论是什么形式，IP形象应是大众所能感知到的形象，所以IP形象要具体一点，能让人记住是第一要素。

　　IP形象必须与品牌文化和商品属性相匹配，同时也要符合目标用户的喜好和消费心理。IP形象可以是企业领导者的个人形象，例如格力电器的董明珠；可以是拟人化的形象，例如江小白。小米的成功与雷军个人IP的打造有着密不可分的关系，也正是其强大的个人IP建立起了品牌与用户之间的沟通桥梁。雷军通过鲜明的个人IP，收获了大批粉丝，图1-10所示为雷军微博。

图1-10　雷军微博

2. IP故事

塑造IP故事是十分重要的，有价值的IP故事是推动IP发展的重要途径。如果想要打造高价值的超级IP，精彩的IP故事是必不可少的。塑造IP故事时可以用第一人称也可以用第三人称，重点在于如何与大众进行沟通。IP故事需要具有趣味性、话题性、观点性。

3. IP核心价值观

IP需要向大众传递核心价值观。IP核心价值观定位需要考虑多个因素，包括目标用户、竞争对手、市场趋势等。IP的核心价值观要正面向上，才能获得用户的认同，让用户成为忠实粉丝。

4. IP营销平台

目前，社交媒体平台是IP营销的重要渠道，例如今日头条、微信、抖音等平台。这些平台可以让品牌和IP形象触达用户，具有较好的传播效果。此外，线下活动、电视广告等传统营销渠道也可以与IP营销相结合，形成营销闭环，提高品牌的影响力和知名度。

1.2.6　社群营销

社群营销即企业将活跃度较高的忠实用户聚集起来，针对忠实用户的表现给予其区别于普通用户的特殊权益，以维护和提高其忠诚度，从而为企业的品牌推广、商品推广、事件公关等活动提供支持。图1-11所示为通过微信群营销。

一个好的社群应当包含5个要素，分别是同好、结构、输出、运营、复制。这5个要素可以指导企业打造社群。

1. 同好

同好是社群的第一要素，它是社群成立的前提。所谓"同好"，是对某种事物的共同认可或行为。社群成员为什么会聚到一起？

社群成员可以基于某个商品聚在一起，例如无人机、小米手机。

社群成员可以基于某种爱好聚在一起，例如爱旅游、爱阅读。

2. 结构

结构是社群的第二要素，它决定了社群的存亡。很多社群很快走向沉寂，是因为最初就没有对社群的结构进行有效的规划。社群结构包括成员、交流平台、加入规则、管理规范。社群结构越完善，社群生存时间越长。

（1）成员：发现、号召那些有共同爱好的人形成金字塔或环形结构。

（2）交流平台：找到人之后，要建立一个日常交流的平台。常见的交流平台有 QQ 群、微信群等。

（3）加入规则：建好了交流平台，慢慢会有更多的人慕名而来，这时候可以设立一些加入规则作为门槛。

（4）管理规范：社群中人越来越多，就必须有管理规范，否则大量的广告会让很多人选择退群。因此，一要设立社群管理员，二要不断完善社群规则。

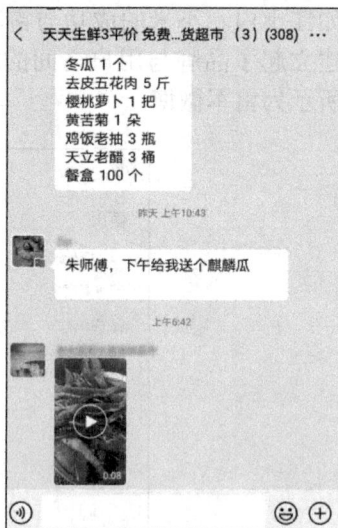

图1-11　通过微信群营销

3. 输出

输出是社群的第三要素，它决定了社群的价值。持续输出能力是反映社群生命力的重要指标之一。大部分社群在成立之初有一定的活跃度，但若不能持续提供价值，社群活跃度就会慢慢下降。不能持续提供价值的社群迟早会被解散，有一些人会屏蔽群，再去加入一个新的群或创建一个新群。为了防止这种情况出现，社群要能给成员提供稳定的内容输出，创造让成员留在该群的价值。

4. 运营

运营是社群的第四要素，它决定了社群的寿命。没有运营管理的社群很难有比较长的寿命。一般来说，通过运营要建立"四感"，即仪式感、参与感、组织感及归属感。

（1）仪式感。社群是一个团体，必须有社群规则，这样才能维持良好的秩序。例如加入社群要通过申请、入群要接受群规、违规要接受惩罚等。

（2）参与感。要让社群成员参与当下的话题讨论，让参与话题讨论的成员有分享的成就感，让保持沉默的成员有收获，即保证社群成员有话说、有事做、有收获。

（3）组织感。例如通过组织主题活动，保证社群活力。

（4）归属感。例如通过线上线下的互助等，让社群成员产生归属感和凝聚力。只有成员认同社群，社群才能长久发展。

5. 复制

复制是社群的第五要素，它决定了社群的规模。由于社群的核心是情感归宿和价值认同，那么社群越大，分裂的可能性就越大。所以在"复制"这一层面，有两个问题需要考虑。第一，是不是真的有必要通过复制扩大社群规模？第二，是不是真的有能力维护大规模的社群？

1.2.7　会员营销

会员营销是通过构建会员体系，制定权益及定价策略，持续为会员提供全新的商品和服务，从而提升会员的消费力，同时增强会员黏性的一种营销方式。

1. 会员营销的优点

权威机构研究表明：企业吸引新用户的成本至少是留住老用户成本的几倍，而这些老用户几乎创造了企业 80% 的收入和 90% 的利润。因此，企业只有把有限的资源放到对会员的维护上，细分他们的需求，进行更加精准的营销，才有可能形成爆炸式的利润增长。

（1）会员营销可以培养忠实用户。如果用户对企业满意则可能会成为长期会员，成为忠实用户。拥有了较多的忠实用户，企业在与同行竞争时就会更具竞争力。

（2）会员营销可以开发新用户。企业的会员营销会给会员带来更多优惠，这对于新用户来说也是一件具有吸引力的事。会员的宣传可以帮助企业发掘许多新用户。

（3）会员营销可以促进企业和用户的相互交流。用户成为会员后，通常能定期收到企业的商品信息和动态，这样就可以进行有针对性的选购。企业通过与用户交流，可以了解用户的需求以及意见，以便完善商品和服务。

2. 会员营销的操作

（1）细分会员等级。根据会员的不同消费习惯，细分会员的等级。细分等级的依据包括交易金额、近期到店消费的情况、交易量等。根据会员本身的价值来细分会员，并密切关注高价值的会员，保证他们可以获得特殊服务和待遇，使他们成为店铺的忠实用户。

（2）按等级给予优惠。对不同等级的会员设置相应的折扣，以提高用户的忠诚度。图 1-12 所示为按会员等级给予优惠：对于首次到店铺消费的会员打 9.5 折；对于交易额达到 50 元或消费次数达到 1 次的会员打 9 折；对于交易额达到 100 元或消费次数达到 2 次的会员打 8.5 折；对于交易额达到 200 元或消费次数达到 3 次的会员打 8 折。

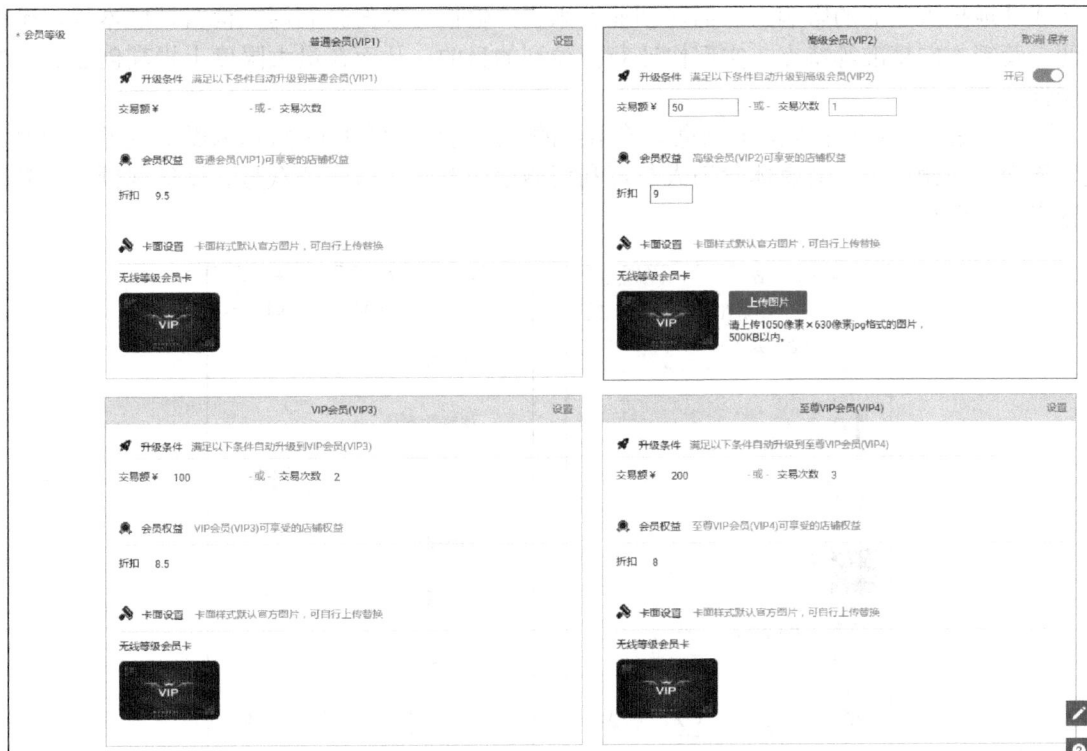

图1-12　按会员等级给予优惠

13

（3）后期跟踪维护。在划分不同会员等级并给予相应的优惠后，还应做好后期的跟踪服务工作。企业不仅要懂得建立新的会员关系，还要学会对会员关系进行维护。交易的结束并不意味着与用户关系的结束，在交易结束之后还须与用户保持联系，经常和会员沟通交流，保持良好、融洽的关系。

1.3 新媒体平台

新媒体平台可为企业和个人提供新媒体推广服务。众多新媒体平台拥有数亿用户，用户黏性较强，这些平台可以为企业带来更高的曝光率和更多的用户。（主流新媒体平台均具有多样化的功能，因此以下分类有交叉，下文以其主要功能来分类并介绍）

1.3.1 微信

微信是一款被广泛使用的即时通信软件，它已经成为许多企业营销的主要平台之一。

如今，微信几乎和每位网络用户的日常生活都产生了紧密联系，具有用户黏性强的特点和巨大的社会影响力。在这种情况下，对企业的管理者、营销者，甚至只是具有创业意向的人来说，他们都可以从中挖掘出巨大的营销价值，进而实现事业上的成功。

对营销者来说，微信不仅是与用户进行联系的工具，还是营销的平台。在这个平台上，营销者可以大力推广品牌、树立商品形象，吸引更多用户关注与分享，产生病毒传播的效果，从而成功地扩大企业的影响力。而对创业者来说，他们可以充分利用微信营销成本低、操作方便、营销方向精准等特点，实现快速获得盈利的目的，从而在最大限度上提高创业成功的可能性。

微信非常重视用户体验，也刻意培养用户的使用习惯。图1-13所示为微信主界面和"发现"界面。在微信中，新媒体营销人员可利用微信朋友圈、微信公众号、微信视频号、微信小程序开展营销。

图1-13　微信主界面和"发现"界面

1.3.2　短视频平台

短视频具有拍摄流程简单、随拍随传、即拍即处理等特点。短视频时长较短，用户可以快速查看与分享其内容，因此其中的营销信息能够快速扩散。

企业可通过广告投放在短视频博主的视频前后加上贴片广告；或者直接推出内容经过精心设计的短视频作为广告；或者站在用户的角度，通过制作短片来为用户答疑解惑；或者基于短视频平台开展短视频创作大赛；等等。

经过激烈的市场竞争，目前抖音和快手已经成为短视频行业的巨头。除了抖音和快手之外，各大互联网巨头也推出了多款短视频App。图1-14所示为常见的短视频App。

图1-14　常见的短视频App

1.3.3　直播平台

直播平台是直播营销产业链不可或缺的重要部分。随着直播营销的发展，各平台纷纷开设直播功能。目前直播平台主要分为4类，即电商直播平台、内容直播平台、短视频直播平台、私域流量直播平台。

1. 电商直播平台

电商直播平台是指具备直播功能的电商平台，如淘宝、京东、拼多多等。这类平台借助直播吸引流量，以便获得更多的用户，拓展营销渠道，增强用户对平台的黏性。电商直播平台具有较强的营销属性，电商企业在这些平台上可以通过直播的方式讲解商品，吸引用户关注自己的商品并产生交易，而用户在这些平台观看直播的主要目的是购买商品。因此，电商直播平台流量转化率相对较高，用户流失率相对较低。图1-15所示为淘宝直播。

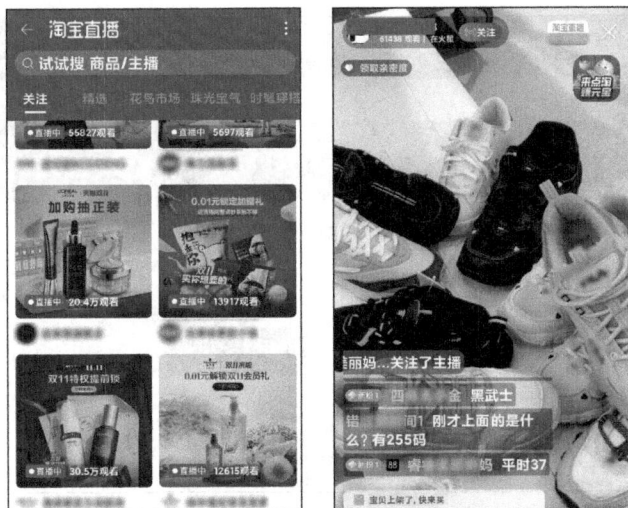

图1-15　淘宝直播

15

2. 内容直播平台

内容直播平台是指以传播有价值的内容，吸引用户关注和互动为核心的直播平台。直播在内容平台内实现，但是交易会跳转到电商平台实现，这种情况下电商平台会向内容平台抽取较高比例的佣金。例如知乎就是内容直播平台。

知乎是一个强调知识分享、信息传播的平台，其直播也同样带有鲜明的平台烙印。知乎的直播板块依旧以如何产生更多知识、如何提高用户交流效率为主要逻辑。在知乎，直播选题和内容质量决定了粉丝活跃度、黏性和留存率。

3. 短视频直播平台

短视频直播平台主要是指以输出短视频为主，并具有直播功能的平台。主播在这些平台开通直播功能后，可以通过直播进行才艺展示、商品销售等。目前比较主流的短视频直播平台有抖音、快手、西瓜视频等。

由于近两年短视频平台火爆，平台用户数量大增，日活跃用户数量（即日活量）暴涨，有流量就有话语权，所以抖音、快手等不甘心只做引流平台，开始搭建自己的直播平台。在抖音、快手等平台上，优质的短视频内容能为直播带来精准流量，有利于直播营销的顺利进行。

4. 私域流量直播平台

私域流量直播平台主要是基于微信的视频号直播和企业微信直播。相比其他类型的直播平台，这类平台的特别之处在于：其背靠有 12 亿日活量的微信平台，可直接触达微信用户；用户不用下载 App，在微信平台点开链接即可观看直播，进而被直接引流至主播的微信或企业微信，形成私域流量池。

1.3.4 今日头条

今日头条是一个信息资讯平台，它借助推荐引擎算法，为用户推荐感兴趣的内容。它根据每个用户的社交行为、阅读行为、地理位置、职业、年龄等信息，挖掘出每个用户的兴趣点，再进行个性化推荐。图 1-16 所示为今日头条。

图1-16 今日头条

今日头条作为中国最大的信息资讯平台之一，每天吸引着数以亿计的用户。对于企业来说，在今日头条上进行有效的营销，将会带来巨大的商机。

今日头条更加注重内容的质量和独特性。优质的内容将更容易被推荐给用户，因此企业在进行营销时需要注重提供有价值的内容。企业需要了解用户的兴趣和需求，并针对性地提供相关内容，以吸引用户阅读和关注。

今日头条提供多种广告形式，包括原生广告、品牌广告和搜索广告等。企业需要根据自身需求选择合适的广告形式，以达到最佳的营销效果。

1.3.5　小红书

小红书是社交内容"种草"平台。小红书博主主要以图片和文字的形式记录生活和分享日常。小红书用户看到"种草"内容后，有了需求，并且知道了一个品牌，然后决定选择这个品牌，直到最后下单，形成一个闭环。"种草"是小红书最常见、最基本的营销方式。小红书以前以"种草"为主，加入直播功能后，可以直接形成从"种草"到"拔草"的闭环。所谓"种草"，就是用户通过他人的分享，对商品或服务的消费体验有了一定的了解，然后在受到这样的心理影响后产生消费需求。也就是说，用户要想在小红书"种草"后满足需求，需要实际消费或体验，即去"拔草"，这样消费链才能形成完整的闭环。图1-17所示为小红书。

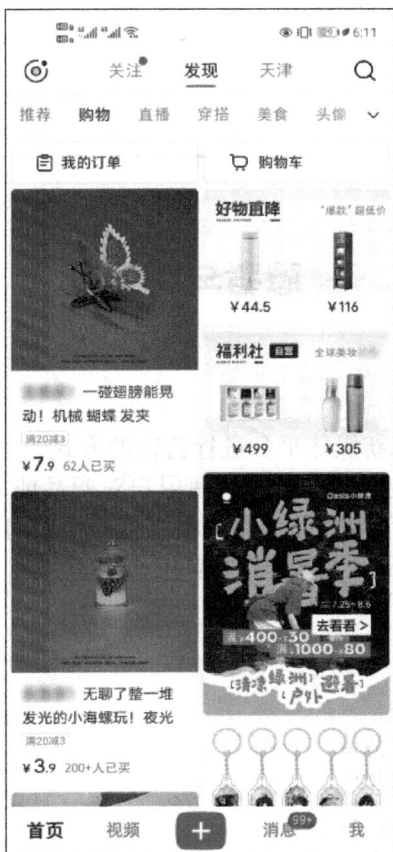

图1-17　小红书

技能实训——新媒体营销策略

掌握新媒体营销的方法，明确新媒体营销策略是如何操作的，并将相关内容填入表1-1。

表1-1　新媒体营销策略

序号	营销方法	营销具体执行策略
1	口碑营销	
2	情感营销	
3	事件营销	
4	借势营销	
5	会员营销	

思考与练习

一、填空题

1. _____是指利用新媒体平台进行营销的方式。

2. _____就是打造良好的口碑，使用户对商品或品牌产生信任感，并自主传播有利于商品或品牌的信息，从而为商品或品牌树立正面积极的形象。

3. 一个好的社群应当包含5个要素,分别是_____、_____、_____、_____、_____。

4. 经过激烈的市场竞争，目前_____和_____已经成为短视频行业的巨头。

二、简答题

1. 什么是新媒体？常见的新媒体有哪些？

2. 新媒体营销的特征有哪些？

3. 新媒体营销的核心理论是什么？

4. 做好口碑营销的关键点有哪些？

5. 常见的新媒体平台有哪些？

第2章

微信朋友圈营销

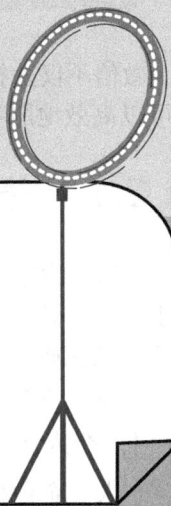

庞大的使用群体使得微信蕴藏着巨大的商业价值和营销潜力。现在越来越多的用户使用微信。通过微信的朋友圈功能，用户可以发布文字、图片和视频，同时也可以看到好友发布的文字、图片和视频。想要在微信朋友圈营销，打造一个高质量的微信朋友圈是很重要的。

- 了解微信生态
- 了解微信生态的营销趋势
- 熟练掌握在微信增加用户的方法
- 熟练掌握微信朋友圈的营销技巧
- 树立知识产权意识，谨防假冒伪劣产品

2.1 认识微信

微信不仅是社交工具、营销工具、媒体终端，更是我们生活的一部分，其便捷的各项功能可以高效地服务于我们生活的方方面面。下面介绍微信生态和微信生态的营销趋势。

2.1.1 微信生态

在微信生态中，用户可以通过个人／企业微信、微信朋友圈、微信公众号、微信群、微信小程序、微信视频号等功能与其他用户进行交流和互动。这种社交特性使得微信成为新媒体营销的优质平台。通过微信生态，企业可以准确地找到目标消费群体，并向他们传递产品信息和推广内容。

1. 个人／企业微信

个人／企业微信是移动互联网时代个人／企业进行品牌打造、宣传与服务以及连接意向用户的有效沟通工具。图2-1所示为利用企业微信营销推广。

事实上，微信最初的定位就是一款即时通信软件，因此，它主要的功能就是聊天。用户可以使用微信与好友、家人、同事以及其他人进行文本、图片、语音、视频等各种形式的聊天。

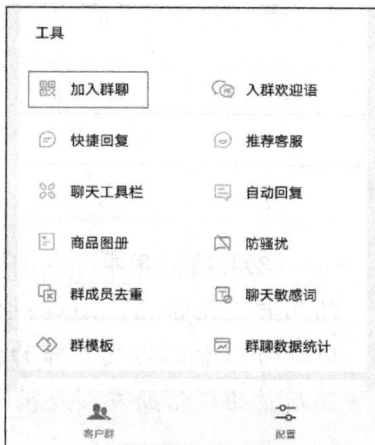

图2-1　利用企业微信营销推广

2. 微信朋友圈

微信朋友圈通常简称朋友圈，是重要的营销入口。由于微信的封闭属性，朋友圈的内容仅限于好友查看，非常适合圈子内部信息的快速传播与扩散。朋友圈支持用户发布文字、图片、短视频等内容，并且实现了和小程序、公众号、视频号等微信生态内容的互通。

利用朋友圈进行营销可以不受时间、地点的限制。同时，用户也可以在朋友圈选择性地屏蔽不喜欢的营销内容。图2-2所示为利用朋友圈营销推广。

对于那些刚开始做微信营销的人来说，向朋友圈中的熟人推广产品不失为一个营销方法。这就需要新媒体营销人员了解朋友圈的需求。例如，朋友圈中的目标人群有多少、目标人群喜欢什么样的东西、目标人群对价格有什么要求等。然后，根据目标人群的意向推送相关产品。一般来说，在熟人中树立口碑更便于产品推广。

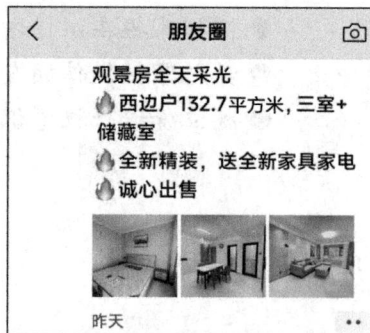

图2-2　利用朋友圈营销推广

3. 微信公众号

微信公众号通常简称公众号，指的是微信公众平台中的订阅号与服务号。

订阅号主要用于传播，企业可以通过订阅号展示企业的特色、文化、理念，树立品牌形象。大部分企业和媒体选择了开通订阅号。

服务号主要用于服务，有助于提高企业的服务效率，是企业触达用户的另一个重要渠道。

在很多企业的营销体系中，公众号仅仅是一个发布文章的渠道而已，但其实它可以有更大的价值，企业可以将其打造成除官方网站之外的另一个内容营销中心。公众号自上线以来，成就了一大批优秀的内容创作者，也为广大用户提供了丰富的优质内容。优质内容可以帮助企业吸引用户的注意力，例如一些干货图文、白皮书、解决方案、线上课程等。

很多企业在搭建新媒体营销矩阵时，会选择申请自己的公众号，用来做品牌宣传、产品介绍和私域转化。公众号作为最早为企业打开流量入口的平台之一，是通过用户订阅或者转发分享的方式来实现宣传营销的。图2-3所示为利用公众号营销推广。

4．微信群

微信群营销是微信生态中最常见的一种营销模式，也被认为是最有营销价值的营销模式之一。微信群是腾讯公司推出的微信多人聊天交流工具，是微信用户在大量碎片时间里聚集形成的社群。微信群多是由一群具有共同价值观、共同需求或共同目标的人组合而成的。企业如果可以利用好微信群，并通过发布优质内容、发群福利、举办线上讲座等方法进行有针对性的商品推广和促销，就可以提高业绩。图2-4所示为利用微信群营销推广。

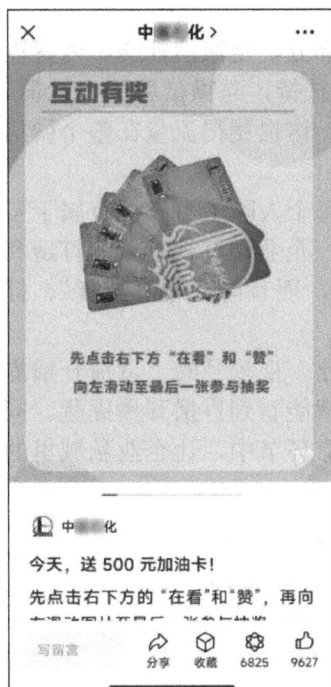

图2-3　利用公众号营销推广

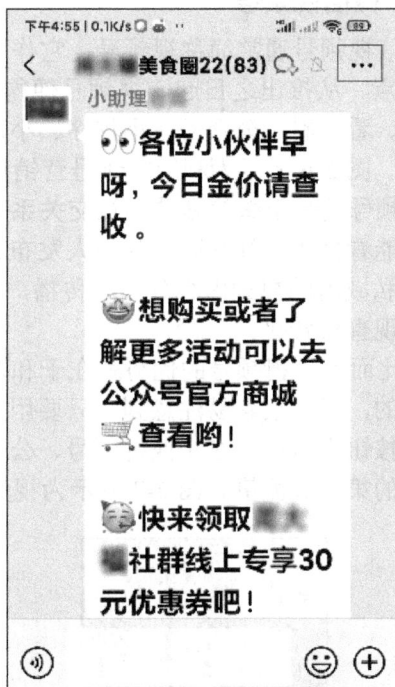

图2-4　利用微信群营销推广

小提示 >>>>>> ▼

　　微信营销者可以根据自身的需求，建立不同的微信群。例如，可以分别为普通用户和忠诚用户建立微信群。但是，一般微信群应包含新、老用户，老用户可以起到为新用户解惑、调动群内的气氛等作用，同时还能激起新用户的购买欲望和需求。

5. 微信小程序

微信小程序通常简称小程序，是一种不需要下载安装即可使用的应用，它能够实现消息通知、线下扫码、公众号关联等多种功能。

用户可以很方便地在微信中找到并打开小程序，也可以进行快速分享，例如将内容转发给微信好友或者分享到朋友圈，这样的特性使得小程序在营销方面的应用非常广泛，企业可以开发个性化、针对性强的小程序用于具体的营销场景。图 2-5 所示为利用小程序营销推广。

小程序是企业营销和用户消费的线上场景，能多维度地实现线上、线下数据互通，助力传统零售企业全渠道转型升级，帮助企业打造属于自己的商业闭环。企业可以在小程序中运用多种促销工具，驱动线上、线下客流进行高频互动，实现店铺的高客单量和高复购率。

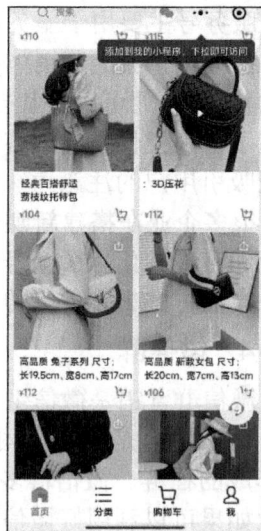

图2-5　利用小程序营销推广

6. 微信视频号

微信视频号通常简称视频号，它作为微信生态的一部分，是微信社交、内容以及商业化的交汇点。从推出之日起，视频号便得到了微信的全面扶持，与微信聊天、社群、朋友圈、搜一搜、看一看、公众号、小程序、小商店等功能打通，这也使得流量在整个微信生态内流转起来。图 2-6 所示为利用视频号营销推广。

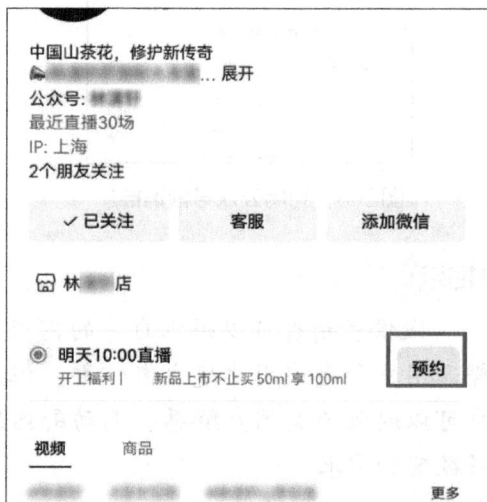

视频号是基于微信私域和社交关系来进行推荐的，每个人除了可以拥有属于自己的视频号，还能看到微信社交圈内其他人发布或者点赞的视频。企业通过视频号的打造和运营，实现微信私域内的视频内容分发和传播，不仅可以打造 IP，而且能通过"带货"、打赏等营销手段实现直接转化。

相比而言，视频号的优势就在于和微信生态紧密相连。视频号的"直播开播提醒"是十分醒目的，用户很容易注意到。只要用户打开了微信，就能看到直播开播提醒。同时，预约直播的按钮也可以放在企业视频号、公众号、社群的所有环节中，让企业私域里的用户成为直播间的第一波流量。图 2-7 所示为视频号直播预约。

图2-6　利用视频号营销推广

图2-7　视频号直播预约

2.1.2 微信生态的营销趋势

随着移动互联网的迅猛发展，微信生态也在不断发展和创新。微信生态的营销趋势具体表现在以下几个方面。

1. 应用范围进一步扩大

未来微信生态将进一步扩大应用范围，加强与各行各业的合作。在教育、医疗、金融服务、电子商务等方面，微信也将不断进行创新尝试。例如在教育方面，近年来微信推出了微信读书、微信课堂等应用，这些应用得到了用户的认可和喜爱。未来，微信生态将会进一步发展，让更多的人受益。

2. 更加智能化

为了更好地服务企业和个人用户，未来的微信生态将更加智能化。微信生态将继续推进人工智能技术和大数据应用，提供更智能、更个性化的推荐和服务。例如基于用户兴趣和偏好的智能搜索、智能购物、智能支付等。

3. 拓展开放平台和生态系统

微信生态将继续拓展其开放平台和生态系统，鼓励开发者积极开发应用和服务，推动微信生态的创新和发展。此外，微信生态还将进一步扩展其跨界合作范围和生态布局，拥抱数字化时代的新机遇和挑战。例如，微信将继续开放小程序的功能，为开发者提供更加全面的技术支持，帮助他们实现业务增长和社会价值的同时，也实现自身的可持续发展。

4. 创新商业模式

未来微信生态将通过人工智能技术不断优化商业模式，推动商业流程自动化，打造数字智能商业生态。例如，通过微信小程序和公众号实现智能客服，自动识别用户需求，提供更加个性化的服务。微信将继续致力于构建开放式的商业生态，不断拓展合作伙伴，并秉持共赢的原则，共同推进创新企业的发展。

5. 社交电商

随着用户需求的变化，品牌营销也逐渐从单纯的推广转变为与用户互动和参与的过程。微信生态中的社交功能为企业提供了更多与用户进行互动的机会，如线上社群与线下店铺相结合，线上抽奖、用户调查等，能增强用户的参与感和提高用户的品牌忠诚度。

6. AR／VR技术营销新模式

微信生态可以结合 AR（增强现实）／ VR（虚拟现实）等新兴技术，为企业提供创新的营销解决方案。例如，企业可以利用 AR 技术开发虚拟试衣间，使用户可以在手机上试穿不同款式的服装，获得更好的购买体验；也可以利用 VR 技术打造全景式品牌宣传视频，从而提高品牌曝光度和影响力。这种全新的体验将会是未来营销的重要趋势之一。

7. 用视频号激活品牌私域

短视频已成为当下品牌营销的新宠，越来越多的企业结合视频号来打造自己的私域。随着企业的商业需求不断增加，视频号商业化脚步加速。视频号可让用户直接触达企业，用户可以在看"带货"直播时直接添加企业微信对商品进行进一步的了解和下单，这省去了很多时间。

8. 个性化和定制化的营销趋势

微信生态中，个性化和定制化的营销趋势也愈发显著。微信生态中的大数据分析和个人信息收集功能使得企业可以更好地了解用户的偏好和需求，并提供个性化的产品推荐和定制化的服务，从而优化用户体验和提高用户满意度。

2.2 在微信增加用户的方法

在运用朋友圈进行营销时，用户数量是非常重要的。如果没有用户量的积累，就很难开发到高质量的客户。下面介绍一些常用的在微信增加用户的方法。

2.2.1 用丰富的内容吸引用户

为了让用户参与互动，微信营销人员需要提供用户感兴趣的话题。在微信推送中，微信营销人员需要确保内容丰富且具有主题性和策略性，并进行系统性的推送。

企业利用微信除了推送一些实用的优惠信息外，还可以在推送的内容中加入品牌文化、产品故事等，如图2-8所示。在这些内容中植入优惠信息，用户既能进一步了解品牌和产品，又能得到优惠信息。

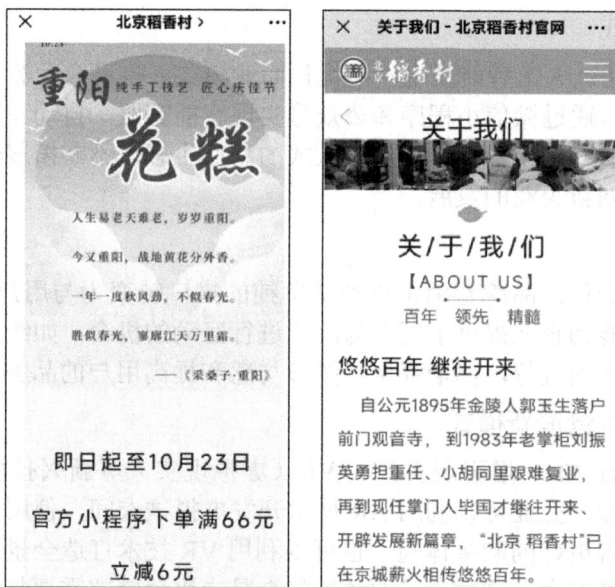

图2-8 在推送的内容中加入产品故事

2.2.2 通过手机通讯录导入用户

新手要想做好微信营销，第一步就是导入用户。通过手机通讯录导入用户的具体操作步骤如下。

（1）打开微信，点击主界面顶部的"+"按钮，在弹出的菜单中选择"添加朋友"选项，如图2-9所示。

（2）进入"添加朋友"界面，点击"手机联系人"，如图2-10所示。

图2-9　选择"添加朋友"选项

图2-10　点击"手机联系人"

（3）打开"查看手机通讯录"界面，如图2-11所示，选择一个好友后，点击好友名称右侧的"添加"按钮。

（4）打开"申请添加朋友"界面，如图2-12所示，输入申请信息，点击"发送"按钮，只要好友通过验证，即添加好友成功。

图2-11　"查看手机通讯录"界面

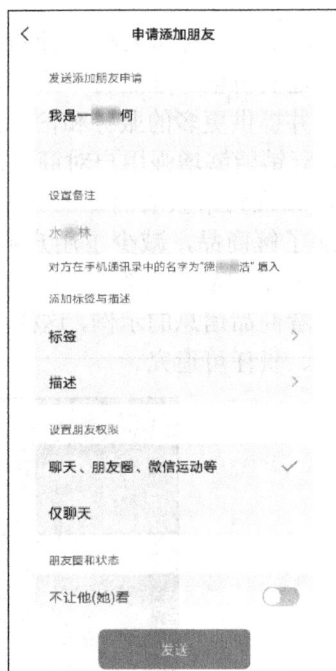

图2-12　"申请添加朋友"界面

2.2.3 通过微信二维码宣传应用

二维码是一种信息的表现形式，是用某种特定的几何图形，按一定的规律在平面分布的黑白相间的记录数据符号信息的图形。二维码是企业自我推广的重要渠道。微信用户可以制作微信二维码，具体操作步骤如下。

（1）打开微信，点击主界面底部的"我"选项，在打开的界面中点击自己的头像，如图 2-13 所示。

（2）进入"个人信息"界面，点击"二维码名片"，如图 2-14 所示，即可生成带有个人信息的二维码，如图 2-15 所示。

图2-13　点击自己的头像　　　图2-14　点击"二维码名片"　　　图2-15　生成二维码

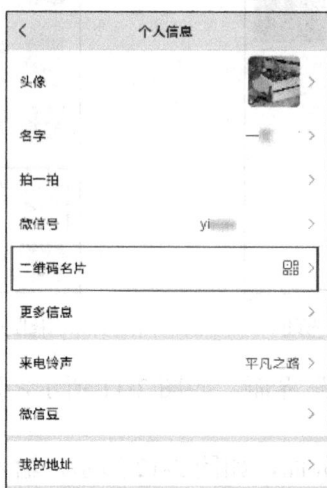

二维码营销是一种越来越流行的营销方式。随着智能手机的普及，二维码已成为企业与用户之间沟通的桥梁。通过将二维码印在商品包装上或进行线上推广，企业可以更好地促进商品销售，并提供更多的服务和信息给用户。

二维码营销能够增强用户对商品的信任感。二维码可以用于验证商品的真实性。用户可以通过扫描二维码来获取商品的详细信息，如生产日期、生产地点、原材料等。这些信息让用户更加了解商品，减少了用户购买时的疑虑和不确定性。同时，企业也可以通过二维码分享商品故事和品牌理念，进一步加深用户对商品的认知和理解。图 2-16 所示为通过扫描二维码查看商品信息的示例，这样可使用户直接了解商品来源，真正做到商品来源可追溯、去向可追踪、责任可追究。

图2-16　通过扫描二维码查看商品信息的示例

素质课堂 ⊙

随着科技的发展，二维码防伪系统几乎成为各行业的标配，因为其可以帮助用户更好地辨别商品的真伪。企业可以通过一些特殊的技术手段，使得假冒的商品无法复制出防伪二维码，从而保证用户的权益。为了更好地服务用户，许多企业开始使用二维码防伪系统来保证商品的质量和真实性。

建立商品质量的追溯体系，做到来源可追溯、去向可追踪、责任可追究，这保护了正规厂家的合法权益，打击了盗版侵权、假冒伪劣等不正之风，同时也让用户买到了安全放心的商品。

2.2.4　微信活动引流

微信活动是微信营销吸引人关注的一种营销方式，这是用户增长速度提升较快的一种模式，可以提高用户的活跃度。

在微信营销中，活动设计是影响用户增量和企业业绩的核心要素。在设计活动时，企业需要根据自身的特点来制定方案。图2-17和图2-18所示为微信活动引流的方案。

企业通过微信活动引流时需要注意以下问题。

1. 确定活动主题

只有确定了微信活动主题，才能由此开展活动策划，吸引用户参与。任何微信活动都有主题，如"双十一"、"6·18"、特卖会等。主题不但与活动内容息息相关，而且可以为活动确立一个明确的标签，从而起到吸引目标用户注意的作用。

2. 制定活动规则

举办活动时还需要制定活动规则，让用户在规则的框架内参与活动，从而使活动有序开展。制定活动规则的具体原则有3个。

（1）门槛低，促使更多用户参与。

（2）传播链条短，能在较短时间内起到较好的传播效果。

（3）在传播形式上加入创新元素，引发更多用户的兴趣。

3. 制定奖励机制

奖励机制要健全，更要明确，这样才能引发大量用户的关注与支持。制定奖励机制的具体原则如下。

（1）明确奖品类别，如优惠券、现金奖励等。

（2）奖品要简单化，方便用户获取。

（3）奖品要合理化：既不能太多，否则导致亏本；也不能太少，否则削弱吸引效果。

③ 生成分享海报后

即可发给朋友，邀请其注册入会

成功邀请1人注册入会

发起邀请的人可得到

100积分

被邀请的人成功注册入会

并进行首次消费后

发起邀请的人可再

得到200积分

图2-17　积分活动

图2-18　兑换奖品

2.3　微信朋友圈营销实战

随着社交媒体的流行，许多企业开始在朋友圈上进行各种形式的广告和推广活动。通过在朋友圈发布广告和推广内容，企业可以将自己的产品和服务推荐给更多的人。同时，朋友圈也为用户提供了一种便捷的购物方式，用户可以通过朋友圈直接购买感兴趣的产品，简化了消费过程。

2.3.1　朋友圈的定位

定位是指确定产品或服务在市场中的位置，以便其与竞争对手的产品或服务区分开来。对朋友圈来说，定位是指确定它在用户心中的独特地位，通过提供独特的功能和价值来满足用户的需求和期望。

做朋友圈营销首先必须清楚自己的朋友圈定位。朋友圈定位精准，用户群体才精准，这样转化率才高。用户不在于多，而在于精准。

营销人员可以从以下几个方面对朋友圈开展分析。

（1）朋友圈有多少人，其中多少是亲朋好友？

（2）用户的来源渠道、性别以及购买力如何？

（3）朋友圈的朋友中有多少人愿意为你发布的内容转发推广？

（4）在亲朋好友中，什么产品是热销产品，价格在多少比较容易卖出去？

（5）朋友圈互动情况如何？

分析完这些以后，营销人员才可以决定要不要在朋友圈营销，选择什么样的产品以及产品售价为多少。

例如，小逸原是旅行社的导游，经常带团去国外旅游，其微信朋友圈累积了大量的用户。为了谋求更好的发展，小逸做起了朋友圈营销，在朋友圈卖国外的产品，经过不到半年的经营，他取得了很好的销售成绩。

如果企业目前的朋友圈不适合推广现在的产品，那么需要转换思维，通过引流吸引目标用户。

2.3.2　为新朋友改备注

无论是通过微信号加好友、扫描二维码加好友，还是通过手机通讯录加好友，加完好友后做的第一件事，应该是为新朋友改备注。如果没有这一步，过一段时间你就会发现通讯录里全是"熟悉的陌生人"。因此，添加好友后，马上设置对应的备注，这是一个很好的习惯。

小提示

备注建议设置为姓名＋地域＋行业＋其他关键词。例如，某微信好友的备注可以设置为"××山东女装一级"。这样做的好处是，可以方便地通过搜索找到某类人。当然，也可以在备注中加上企业的名称，甚至对方的特征信息。

微信中为新朋友改备注的具体操作步骤如下。

（1）打开微信，进入微信的主界面，点击"通讯录"，在"通讯录"界面找到要修改备注的人，然后点击这个人的头像，如图2-19所示。

（2）进入好友的资料界面，点击界面右上角的"…"图标，如图2-20所示。

图2-19　点击头像

图2-20　点击"…"图标

（3）在打开的界面中选择"设置备注和标签"选项，如图2-21所示。

（4）进入"设置备注和标签"界面，如图2-22所示，在"备注"文本框中输入想要备注的信息，然后点击"完成"按钮。

图2-21　选择"设置备注和标签"选项

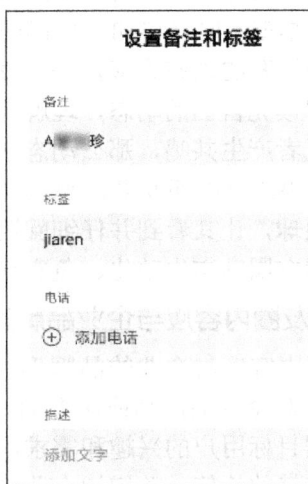

图2-22　"设置备注和标签"界面

在"设置备注和标签"界面还可设置标签，为好友贴上标签进行分类，如"亲戚""同学"。这样做的目的一方面是方便管理微信好友，另一方面是在发朋友圈或群发信息时可以做到更精准和有效。

2.3.3 朋友圈的营销技巧

在数字化时代，朋友圈已成为人们交流和分享信息的重要平台之一。因此，掌握朋友圈的营销技巧对于企业和个人来说都至关重要。

1. 建立关系

建立关系的技巧如下。

（1）要让别人对你印象深刻，可以多主动出现在别人的面前。首先主动去点赞和评论微信好友朋友圈的动态，有时间可以去朋友圈打招呼，发一些有趣、容易让人记住的话。

（2）要让别人关注你，一定要让别人觉得你的存在跟对方有关系，让对方有存在感。在朋友圈发动态时可以多发布一些互动性的动态，多问微信好友问题，发一些跟微信好友相关的话题。

（3）在讨论中挖掘微信好友的需求，并主动提供解决方法。

2. 创造有吸引力的内容

创造有吸引力的内容是引起用户兴趣的关键。在朋友圈分享有趣的故事、生动的图片或有启发性的内容，可以吸引用户的眼球。另外，与用户互动也是提高用户参与度的一种方式。回复评论、提问或发起投票，可以鼓励用户积极参与，增强互动性。

（1）朋友圈营销的重点是品牌产品的塑造，品牌产品的专业展示是营销的基础，所以每天发一条"专业知识"是很有必要的。需要注意的是，所发内容应具有连续性，以持续吸引用户关注。

（2）企业要在朋友圈及时分享用户的评价。这不仅能让更多的用户通过朋友圈了解自己想要的创新产品，还能让用户通过朋友圈将自己使用产品的体验和评价分享给更多的用户。

（3）偶尔分享与生活有关的话题。

（4）在朋友圈中发放惊喜福利，可以适当地邀请好友转发福利信息。

（5）分享内容时要做到图文并茂，图片必须符合文字的内容。

（6）分享链接时建议加上自己的引导式总结内容。

（7）如果发的动态太多，朋友圈只会显示一条动态，然后剩下的内容就被隐藏起来了。要想让用户读完自己的动态，理解动态的含义，应让动态全部显示出来。而要让用户觉得内容有趣，或者产生共鸣，那么动态字数不能太少，建议字数是 80 ～ 110 字。

（8）如果用户的朋友多，那么其每天的朋友圈动态可能比较多，这种情况下怎样才能吸引用户的眼球，让其看到并仔细阅读自己的动态呢？使用表情包能解决这个问题，因为表情包可以让朋友圈动态生动化、色彩化。

3. 朋友圈内容应与企业品牌形象一致

朋友圈内容应与企业的品牌形象一致，这将帮助企业建立用户的品牌认知度和忠诚度，并增强用户对企业的产品或服务的信任感。同时，定期发布内容是建立品牌存在感的关键。企业应根据目标用户的兴趣和需求，制订一个发布内容的计划，并积极执行。这将为企业的用户提供持续的价值，并增加企业与他们接触的机会。

2.3.4 朋友圈的互动技巧

朋友圈是人们在微信社交平台上分享生活、发表观点并与朋友互动的重要渠道之一。在互联网时代，掌握朋友圈的互动技巧可以让企业信息更广泛地传播，并让企业与用户建立更紧密的关系。下面介绍朋友圈的互动技巧。

1. 常规互动

（1）及时回复微信好友的评论。

（2）主动为微信好友发布的朋友圈动态点赞（见图2-23）、评论。

（3）主动参与微信好友发起的活动。图2-24所示为微信好友在朋友圈发起的活动。

（4）重要的节日不要忘记为微信好友送上祝福。

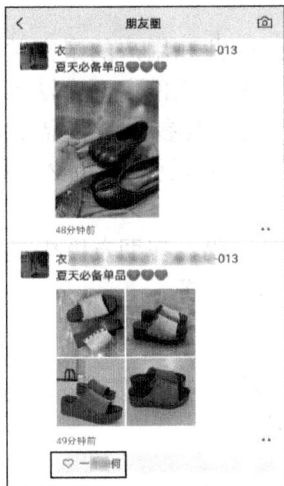

图2-23 主动为微信好友发布的朋友圈动态点赞

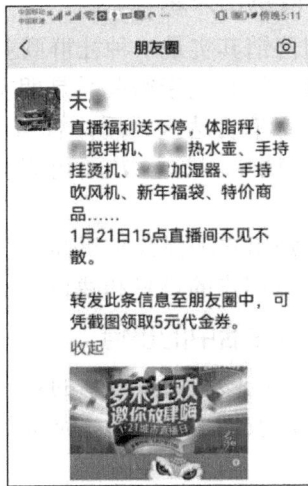

图2-24 微信好友在朋友圈发起的活动

2. 游戏互动

（1）营销互动游戏。例如拆礼盒、一站到底、鹊桥相会等。

（2）微信小游戏。企业可以多关注微信小游戏，有好玩的微信小游戏第一时间分享至朋友圈，晒晒自己的战绩，与微信好友互动。

（3）其他游戏。例如，有条件的企业还可以开展有奖竞猜游戏或者抽奖转盘游戏，如图2-25所示。

3. 鼓励用户分享

企业可以通过一定的方式鼓励用户分享，这样可以让更多的用户看到企业的产品和使用效果，如图2-26所示。

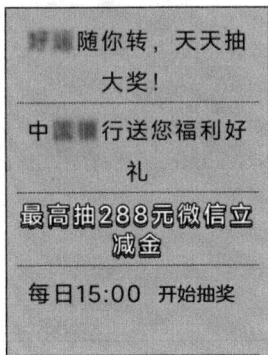

图2-25 抽奖转盘游戏

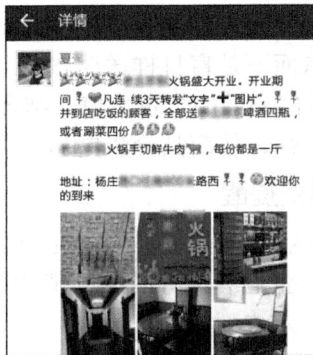

图2-26 鼓励用户分享

4. 引出讨论话题

要实现商品成交，首先要解决流量问题，比较好的办法是企业先设计一个话题，让用户讨论，引起其兴趣。

例如，做护肤类产品的企业在秋冬季，可以发一条朋友圈，设计一个话题"秋冬季补水时为什么会过敏？"有了话题后，要发动尽可能多的人参与到讨论中来，只有用户参与进来，才有可能促进商品成交。

5. 培育亲密关系

朋友圈营销其实是一种社群商业模式，其更多在于通过企业和用户的亲密关系实现商业交易。企业与用户的亲密关系是朋友圈营销的基础。培育亲密关系的主要方法如下。

（1）培育消费达人、用户代言人等关键意见领袖，可以让其参与到新品上市测试、线下展会等活动中。这一方面可以增强用户黏性，另一方面可以强化企业与用户的亲密关系。

（2）鼓励用户积极参与反馈，在产品包装上设置相关二维码，在朋友圈中进行必要的调研，积极听取用户的意见和建议，以便企业更好地改进产品和服务。

6. 发布生活中的事情

企业如果能够利用生活中的点滴和琐碎事情，在合适的时间、地点发布微信朋友圈动态，能够为微信朋友圈引来流量，从而提高微信朋友圈的活跃度。

2.3.5 朋友圈的商品成交技巧

朋友圈作为一种新媒体社交平台，已成为许多人推广和销售商品的重要渠道。要在朋友圈中实现商品成交，需要掌握一些技巧。

1. 突出商品价值

对互联网经济而言，打造"极致商品"是非常重要的。突出商品价值对企业来说很重要，如图 2-27 所示。

在朋友圈突出商品价值主要有以下方法。

（1）选择适合自己朋友圈的商品。根据朋友圈中用户的消费习惯、购买频率等选择"适销对路"的商品，而不是单纯选择市场上流行的商品，是精准发送动态而不是盲目推送动态。

（2）突出商品的特色价值，结合用户的消费点，彰显用户个性，使商品价值更加明确。

2. 消费提醒

很多企业经营的商品大多是重复购买率高的商品。聪明的企业会进行必要的消费提醒。消费提醒主要有以下方法。

（1）对用户进行必要的消费周期预测，针对老

图2-27 突出商品价值

用户进行必要的微信提醒。提醒尽量以消费技巧、使用指南等形式发送，避免用户的反感。

（2）新品上市时针对购买金额大、购买频率高的用户进行新品消息推送，吸引其积极参与购买，可以给予其购买折扣或积分奖励等。

（3）对用户进行适当的活动提醒，如图 2-28 所示。

3．提供优质的消费体验

要想通过微信朋友圈成交更多的商品，提供优质的消费体验也非常重要。例如，通过微信朋友圈直接展示链接、二维码等，让用户可以直接访问商品详情页、订单页等相关页面，方便快捷地获取商品信息。

图2-28　活动提醒

2.3.6　不要只点赞，要多评论

微信朋友圈作为一种社交媒体平台，给人们提供了分享和交流的机会。评论功能使得用户能够对好友的朋友圈动态进行回应，表达自己的看法和观点。这种互动的形式能促进人际关系的建立和加深。

有些企业发布的朋友圈动态没人评论，也几乎没人点赞，以致企业最后失去了发朋友圈动态的动力。因此，在朋友圈营销过程中应提高与好友的互动频率，让尽可能多的好友参与互动。

朋友圈里的评论是默认展开的。也就是说，在朋友圈发布一条比较长的内容时，它会自动折叠起来，但是当有人发表评论时，无论它有多长，都会全部展示出来。因此，营销人员可以先发布一条朋友圈动态，然后在刚才发布的朋友圈动态下发表评论；也可以把图片、文字分开发，先发图片，然后用评论功能发布文字信息。

当已经有人评论或点赞朋友圈动态后，自己再评论时，所有参与评论或点赞的人都会收到有新评论的提示。这是一个隐蔽的定向营销方法。

2.3.7　朋友圈的广告植入技巧

在朋友圈积极努力地做营销固然很好，但是一定要有一个度，千万不要影响用户体验。下面介绍一些常用的广告植入技巧。

1．自己试用

试用评价能反映产品的好与坏。为了打消用户的某些顾虑，可以发表自己试用产品的照片和体会。这也能让微信好友感觉更亲切。图 2-29 所示为自己试用。

2．用户评价

仅靠企业自己宣传，产品的转化率会比较低，

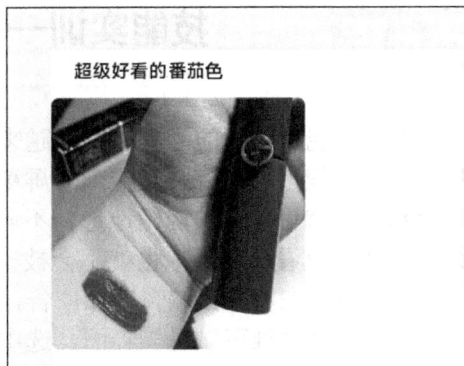

图2-29　自己试用

但是如果有用户说产品好，往往更容易得到其他用户的认可。用户评价包括用户对产品的评论、与产品相关的聊天记录等。图 2-30 所示为用户评价。

3. 品牌文章分享

要想产品有说服力，品牌形象一定要做好，所以适当地宣传品牌还是有必要的，尤其是对要打造新品牌的企业来说。

4. 产品介绍

朋友圈的产品介绍很关键，应该突出产品的特点和亮点，采用文字、图片、视频等多种展示形式。

5. 展示包裹照片

要证明推荐的产品好，展示产品销量高也是重要的证明方法之一。要体现出产品销量高，企业可以从平时的工作细节入手，如展示大量包裹的照片等，如图 2-31 所示。

图2-30　用户评价

图2-31　包裹照片

技能实训——巧用分组打造朋友圈

企业可能有这样的感受：用户越来越多，朋友越来越少。因为企业不断地在朋友圈发信息，结果被很多微信好友拉黑或者屏蔽，所以对微信好友进行有效分组势在必行。这样在发送信息时，就可以比较明确地选择不同的人群。把微信好友分好组，在发信息时只选择某个组，其他人就看不到了，也就不会被干扰了。具体操作如下。

（1）首先在朋友圈编辑产品广告，然后选择"谁可以看"选项，如图 2-32 所示。

（2）打开"谁可以看"界面，选中"部分可见"单选按钮，选择下面的"选择标签"选项，如图 2-33 所示。

（3）选中"微商代理"分组标签，如图2-34所示。该分组中有很多代理商，可以在发布一些素材和资源时，对其进行单独提醒。然后点击顶部的"选择"按钮即可完成设置。

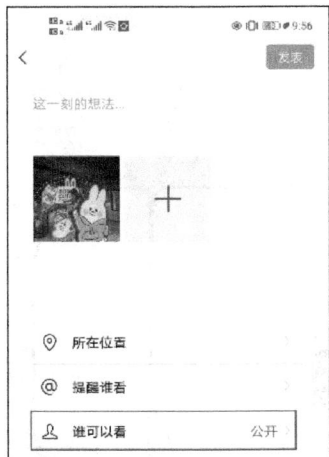

图2-32　选择"谁可以看"
选项

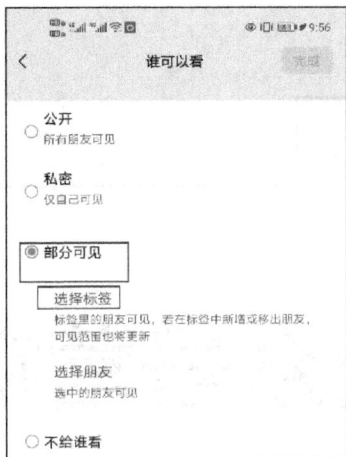

图2-33　选择"选择标签"
选项

图2-34　选中"微商代理"
分组标签

思考与练习

一、填空题

1. _____是腾讯公司推出的微信多人聊天交流工具，是微信用户在大量碎片时间里聚集形成的社群。

2. _____是一种信息的表现形式，是用某种特定的几何图形，按一定的规律在平面分布的黑白相间的记录数据符号信息的图形。

3. 无论是通过微信号加好友、扫描二维码加好友，还是通过手机通讯录加好友，加完好友后做的第一件事，应该是为新朋友_____。

二、简答题

1. 微信生态的基础构成包括什么？
2. 微信生态的营销趋势有哪些？
3. 如何通过微信二维码宣传应用？
4. 常见的微信互推方法有哪些？
5. 微信朋友圈营销需要哪些技巧？

第3章

微信公众号营销

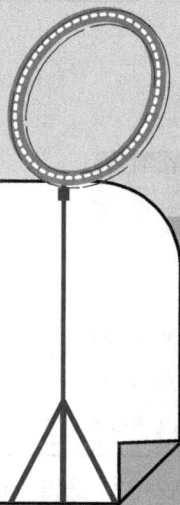

微信公众号指的是企业或个人在微信公众平台上所申请的应用账号。营销人员利用微信公众号可以在微信公众平台上与特定的人群进行文字、图片、语音和视频等的互动和沟通。本章介绍微信公众号营销的相关知识。

- 了解微信公众号的商业价值
- 熟练掌握微信公众号的注册与设置
- 了解微信公众号的设计
- 熟练掌握微信公众号营销文案写作
- 熟练掌握微信公众号文案排版
- 熟练掌握微信公众号的营销策略
- 培养诚信经营、遵纪守法的意识

3.1 微信公众号的商业价值

企业应了解微信公众号的商业价值，然后结合用户的需求确定提供相应的服务。微信公众号的商业价值主要体现在以下几个方面。

1. 移动营销平台

（1）微信公众号可作为移动营销平台引导销售，及时快捷地将商品或服务信息推送给用户，促成交易，如图3-1所示。

（2）微信公众号可宣传品牌形象。通过微信公众号，用户不仅可以接收品牌信息，还可参与互动，从而促进品牌传播。

（3）微信公众号可实现促销活动的最大限度曝光，能及时有效地把企业的促销活动告知用户，吸引用户参与，降低企业的营销成本。图3-2所示为及时把促销活动告知用户。

图3-1　将商品或服务信息推送给用户　　　　图3-2　及时把促销活动告知用户

（4）微信公众号可实现O2O闭环销售。线上与线下营销的互通是必然趋势，而微信公众号为二者的结合提供了便利的通道。

2. 用户调研平台

（1）移动电商时代，优质的用户体验将是企业的核心竞争力。例如，在售前体验、售后服务等各个环节，用户可以通过微信公众号进行实时的反馈。图3-3所示为服务评价。

（2）商品调研是电商运营过程中非常重要的环节。以往企业通过第三方公司发放问卷或者进行电话调研，不但需要花费很高的成本，而且调研的数据可能不精准。但是通过微信公众号直达用户，企业不仅可以自主调研，而且能省去大笔费用。

3. 客户关系管理平台

客户关系管理是一个不断加强与客户交流，了解客户需求，并对商品及服务进行改进以满足客户需求的连续过程。其最终目标是吸引新客户、留住老客户，以及将已有客户转化为忠实客户。微信作为沟通工具，极大地提升了客户与企业沟通的体验。图 3-4 所示为通过微信公众号进行客户关系管理。

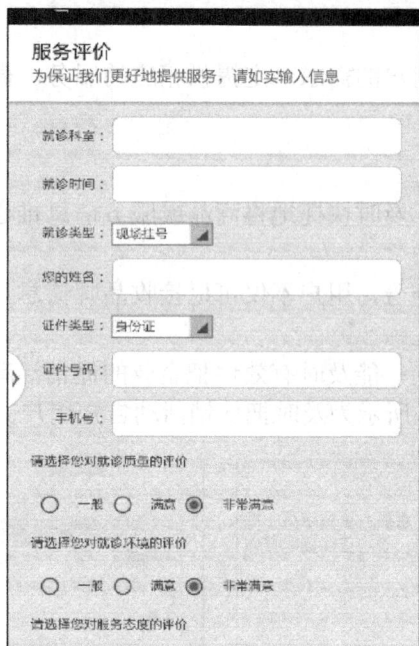

图3-3　服务评价

图3-4　通过微信公众号进行客户关系管理

4．企业移动官方网站

传统互联网时代，企业需要建立官方网站，给用户提供信息查询平台。移动互联网时代，企业可通过微信公众号建立官方网站，以便用户方便地获得企业信息。图 3-5 和图 3-6 所示为基于微信公众号搭建的格力电器官方网站。

图3-5　格力电器官方网站首页

图3-6　格力电器简介

3.2 微信公众号的注册与设置

微信公众平台是腾讯公司在微信的基础上新增的功能模块，通过这一平台，企业和个人都可以打造自己的微信公众号，并实现和特定群体以文字、图片、语音等形式进行全方位的沟通、互动。

3.2.1 微信公众号的作用

移动互联网时代，微信公众号的作用越来越突出，已经渐渐成为企业和个人营销商品、发布资讯的优选平台。对企业和有志于创业的个人而言，只有及时、全面地了解微信公众号的作用，根据自有商品和服务特点对微信公众号有针对性地加以利用，才能让自身更加便利、迅捷地搭上移动互联网商业快车，分享移动互联网经济红利。图 3-7 所示为微信公众号后台。

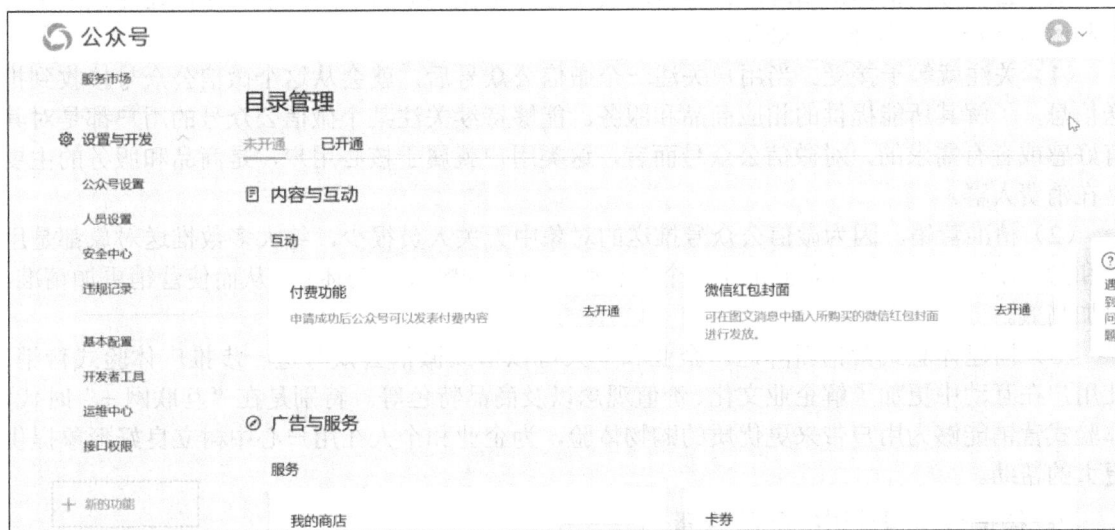

图3-7　微信公众号后台

1. 微信公众号能创造商机

微信公众号最重要的作用之一就是"创富"，它能够借助移动互联网，为企业和个人创造更大的商机，让大家都能在"互联网＋"经济大潮中有所收获。那么微信公众号可以从哪些方面为大众创造商机呢？

（1）微信拥有庞大的用户基数。微信公众号是在微信基础上开发的功能深度扩展的平台，企业和个人可以借助微信庞大的用户基数，开拓更为广阔的市场。

（2）快捷、低成本的信息发布。微信公众号的自媒体属性可以帮助企业和个人快捷地将商品信息传播出去，更重要的是，相较在传统媒体上投放广告花费的巨资，在微信公众号上进行信息发布的成本很低，这就为企业和个人节省了大量成本。

（3）为广告主提供营销平台。微信公众号整合亿级优质用户流量，利用专业数据处理算法，为广告主提供社交推广的营销平台，以人为单位，有效触达每一个目标用户，如图 3-8 所示。

图3-8 为广告主提供营销平台

2. 微信公众号能精准营销

微信公众号营销非常精准，带有自愿接受性，不仅不会引发用户的反感，还能最大限度地利用信息资源，提升营销效果。

（1）关注就等于接受。当用户关注一个微信公众号后，就会从这个微信公众号接收到推送信息，了解其所能提供的相应商品和服务。能够持续关注某个微信公众号的用户都是对其有好感或者有需求的，对微信公众号而言，这类用户就属于核心用户，是商品和服务的主要潜在消费人群。

（2）精准营销。因为微信公众号推送的对象中无关人员很少，绝大多数推送对象都是用户和潜在用户，这样就建立了企业或个人和用户群体的精准互动体系，从而使营销更加精准、更加高效。

（3）构建体验式营销新阵地。企业和个人可以借助微信公众号进一步推广体验式营销，让用户在互动中更加了解企业文化、价值观念以及商品特色等。特别是在"互联网+"时代，体验式营销能够为用户带来更优质的购物体验，为企业和个人在用户心中树立良好形象提供更大的帮助。

3. 微信公众号能进行品牌传播

对企业和个人而言，微信公众号利用得好，其就是一个高效的品牌传播机器，企业和个人的品牌能得到更高的曝光率。

（1）微信公众号非常适合用于品牌传播。

微信公众号的自媒体属性能够让企业和个人自由地向用户推送信息，宣传企业文化和价值观，进而更好地向用户展示企业的品牌价值，塑造品牌形象。

（2）微信公众号能用活动带动品牌传播。

微信公众号对企业品牌的传播价值还在于其在活动组织上的灵活性。借助微信公众号，企业和个人可以灵活地开展各种线上和线下活动。

4. 微信公众号能进行数据分析

微信公众号的数据分析功能主要体现在其后台的"统计"功能上。用户可以非常方便地通过"内容分析""用户分析""菜单分析""消息分析""接口分析""网页分析"等功能进行相应的数据分析，及时掌握关注者数量、性别、信息关注度等关键指标，为改善营销策略、更好地推广品牌和商品提供支撑。内容分析如图3-9所示。

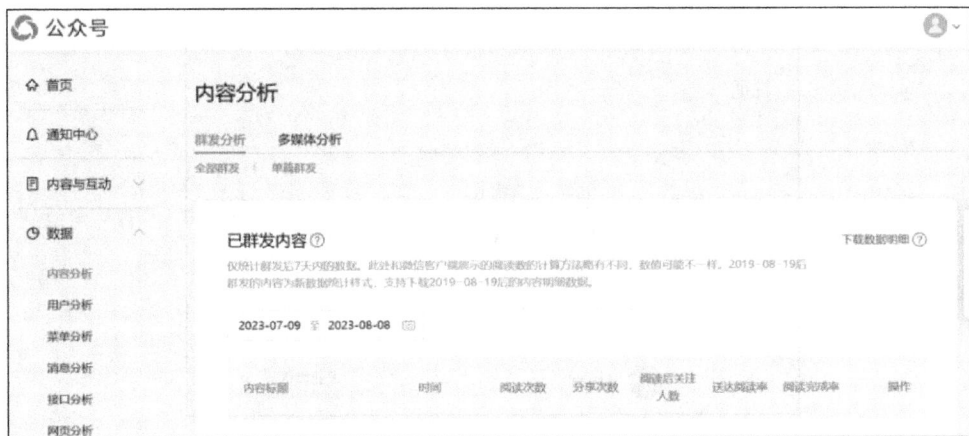

图3-9　内容分析

3.2.2 微信公众号注册流程

注册微信公众号的具体操作步骤如下。

（1）进入微信公众平台，单击页面右上角的"立即注册"超链接，如图 3-10 所示。

图3-10　单击"立即注册"超链接

　　（2）进入"注册"页面，在"请选择注册的账号类型"下面选择相应的类型，在这里选择"订阅号"选项，如图 3-11 所示。

图3-11 选择"订阅号"选项

（3）打开"基本信息"页面，输入邮箱，单击"激活邮箱"按钮，如图 3-12 所示。

（4）打开"发送邮件"对话框，输入验证码，单击"发送邮件"按钮，如图 3-13 所示。

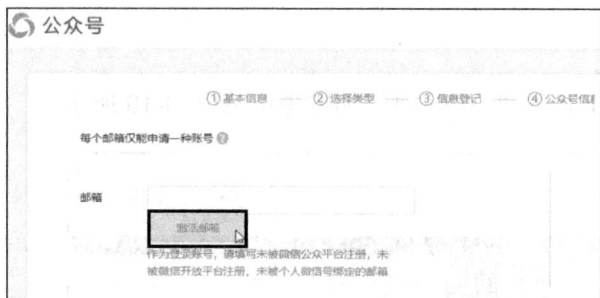

图3-12 单击"激活邮箱"按钮

图3-13 单击"发送邮件"按钮

（5）登录 QQ 邮箱，查收验证码，如图 3-14 所示。

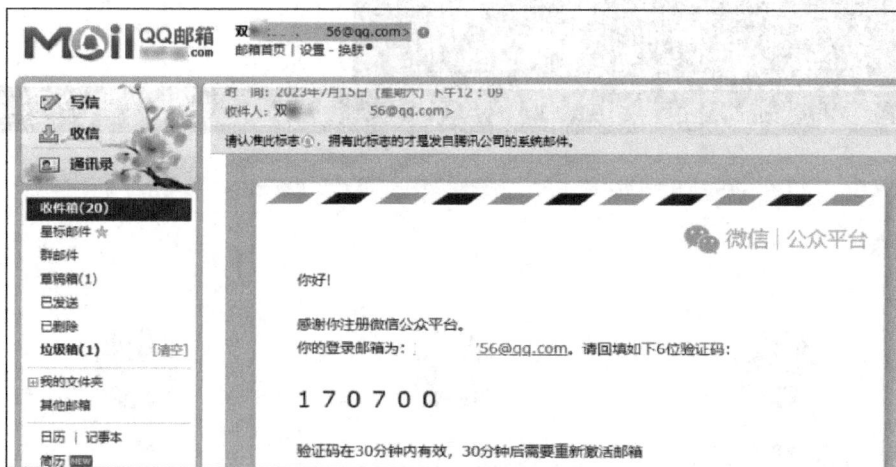

图3-14 查收验证码

（6）输入邮箱验证码、密码，确认密码，选中"我同意并遵守《微信公众平台服务协议》"复选框，单击"注册"按钮，如图 3-15 所示。

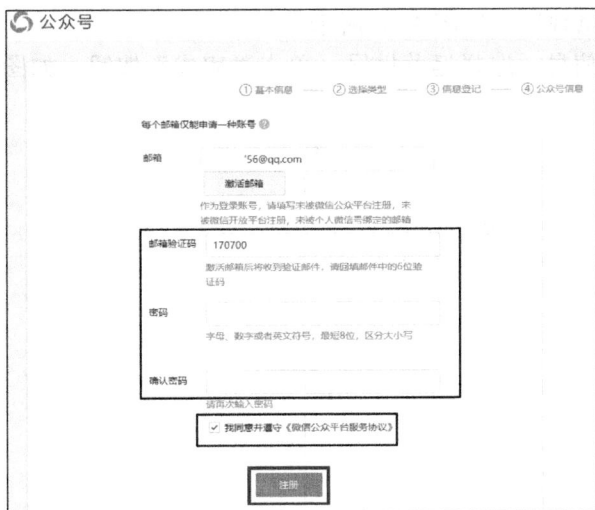

图3-15 单击"注册"按钮

（7）选择企业注册地，单击"确定"按钮，如图 3-16 所示。

（8）选择类型，在这里选择"订阅号"选项，单击"选择并继续"按钮，如图 3-17 所示。

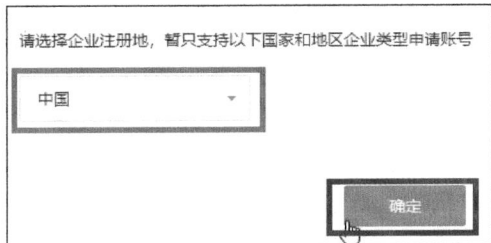

图3-16 选择企业注册地

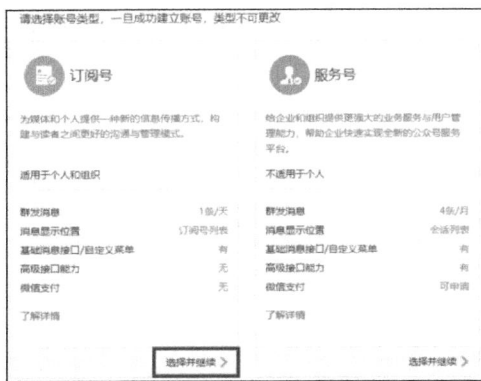

图3-17 单击"选择并继续"按钮

（9）弹出对话框，询问"您选择的类型是：订阅号 选择公众号类型之后不可更改，是否继续操作？"，单击"确定"按钮，如图 3-18 所示。

（10）进行信息登记，在这里将"主体类型"设置为"个人"，如图 3-19 所示。

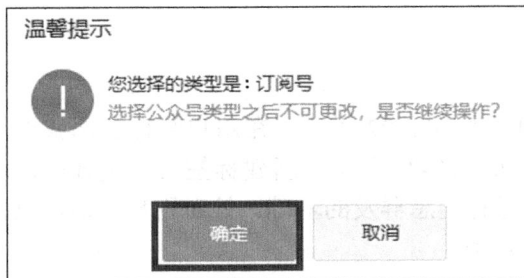

图3-18 确认类型

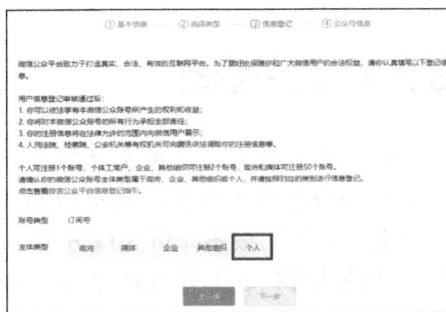

图3-19 进行信息登记

（11）进行主体信息登记，如图 3-20 所示。

（12）填写公众号信息，选择运营地区，单击"完成"按钮，如图 3-21 所示，即可完成微信公众号注册。

图3-20　进行主体信息登记

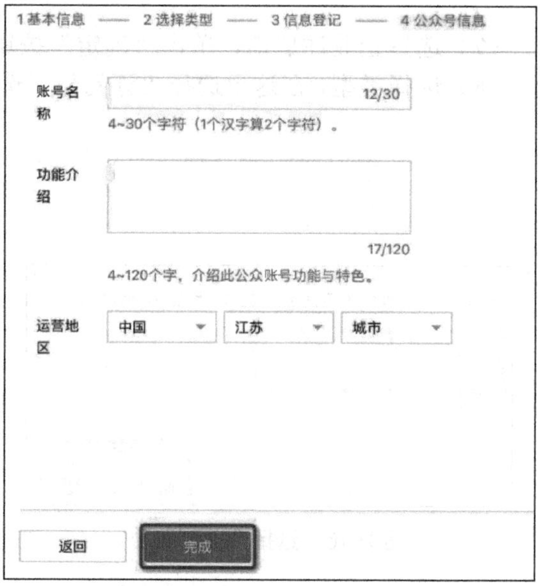

图3-21　填写公众号信息

3.2.3　用户管理

微信公众平台的另一个重要功能是用户管理，如图 3-22 所示。在用户管理页面我们可以进行简单的分组管理操作，也可以新建标签，如图 3-23 所示。新建标签后，选择用户和组别，单击"放入"按钮即可完成分组。分组是进行消息群发的基础。针对用户我们可以按照性别、地域或者兴趣偏好进行分组，实现精准营销。

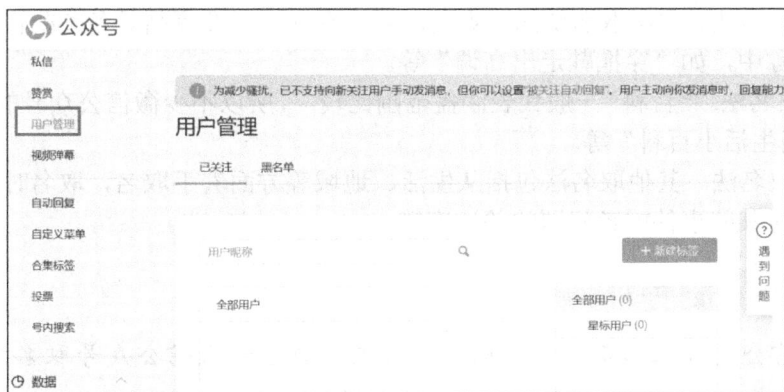

图3-22　用户管理

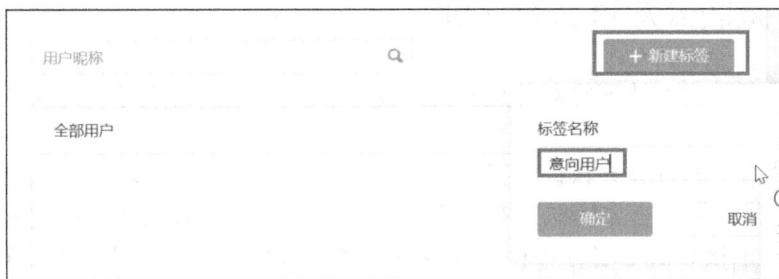

图3-23　新建标签

3.3　微信公众号的设计

下面介绍微信公众号的设计，包括设置微信公众号名称和微信公众号官方认证。

3.3.1　设置微信公众号名称

一个好的微信公众号名称能体现出微信公众号的价值、服务、内容、范围、行业等信息，让感兴趣的人快速关注。微信公众号取名的常见方法如下。

（1）直呼其名法。直呼其名法即直接命名，以企业名称或者商品、服务名称作为微信公众号名称，如"雅戈尔""七匹狼"。

（2）功能实用法。功能实用法是指通过名称将微信公众号的功能和服务展现出来。例如："美食工坊"，功能是提供美食菜谱；"网络营销助手"，功能是提供网络营销资讯。

（3）形象取名法。形象取名法是将企业或者服务、商品形象化的一种取名方法，取名时可以采用拟人、比喻等手法。

（4）垂直行业领域取名法。垂直行业领域取名法通常就是行业名加用途，如"爱家房产"等。

（5）提问式取名法。提问式取名法是指以提问的方式取名，让用户产生兴趣，如"今晚看啥""什么能赚钱"等。

（6）另类取名法。另类取名法的特点是新鲜、有趣，只要商品具备某些特点，就可以考虑将之用于名称中，如"穿拖鞋走出高调"等。

（7）百科取名法。"百科"一般代表涵盖范围比较广，所以不少微信公众号的名称带有"百科"，如"时尚生活小百科"等。

（8）其他取名法。其他取名法包括从生活、地域等方面着手取名，取名时也可以参考百度指数或人们对某些事件或者问题的关注度等。

> **小提示** 》》》》》 ▼
>
> 　　为微信公众号取名是一门学问。企业在为自己的微信公众号取名时要根据实际情况来考虑，关键是有趣、实用、跟企业有关联。

3.3.2　微信公众号官方认证

微信公众号通过官方认证将获得更多的功能和权限。微信公众号官方认证的优势主要有以下几方面。

（1）微信公众号通过官方认证后，用户将在微信中看到微信公众号官方认证特有的标识。2014年5月22日，微信官方团队发布公告称，微信公众号官方认证步骤改为两步，分为账号主体资质微信审核和账号名称审核。完成这两个步骤的认证后，账号将获得✅认证标识。用户看到该标识后就会感到放心，也就更愿意关注微信公众号。

（2）用户在搜索关键词时，通过官方认证的微信公众号会排在更靠前的位置。

（3）微信公众号通过官方认证后，可以获得更丰富的高级接口，可以向用户提供更有价值的个性化服务。订阅号将获得自定义菜单接口权限，服务号将获得高级功能接口中所有接口权限和多客服接口，以及可申请商户功能。

（4）避免被视为"山寨版"的微信公众号。不少企业反映微信公众号通过官方认证之后，微信公众号的权威性得到了很大的加强，关注微信公众号的用户数量也大幅增加了。

3.4　微信公众号营销文案写作

新媒体营销人员一定要掌握好微信公众号营销文案的写作方法。

3.4.1　文案标题

微信公众号营销文案（以下简称文案）写作的第一要务是吸引用户，引起用户的阅读兴趣。所以，文案标题非常重要，写作时要注意以下事项。

1. 主题鲜明

标题是对文案内容的高度概括，要使用户看到它就能理解文案的重点内容。因此，标题必须结合文案主题且要鲜明，不能与文案内容毫无关联。需要注意的是，不管是标题还是文案开头，几乎只有30秒的时间留住用户。

2. 引起用户共鸣

标题要让用户产生共鸣，觉得这篇文章就是写给自己的，只有这样的标题才能真正赢得用户的心。

3. 远离"标题党"

新媒体营销人员拟订标题时，不能为了吸引用户的注意力、提高点击率而恶意欺骗用户。标题一定要跟文案内容有关，如果用户感觉到标题和内容不相符，他们的阅读体验可能会非常不好。使用夺人眼球但虚假的标题，即使吸引了大量用户，那也不是目标受众，而是无效流量。

4. 引人注目

标题的内容只有与用户的心理需求联系起来，引发用户的关心、好奇、喜悦等，才能充分发挥宣传效果。因此，标题在字体、字号和位置等方面都应考虑视觉化和艺术化的效果，要能引起用户的注意。同时，针对不同的宣传对象，标题也要有针对性，这样才能充分发挥文案的说服力。

5. 契合SEO

在"搜索为王"的网络时代，搜索引擎营销（Search Engine Marketing，SEM）成为主流的营销方式，而搜索引擎优化（Search Engine Optimization，SEO）作为免费的 SEM 手段更为重要。有时，微信公众号文案主要就是为 SEO 服务的，所以我们需要从 SEO 的角度考虑为文案标题设定一些标准：一是标题不宜超过 30 个字；二是标题要含有关键词，这样才能被搜索到。

3.4.2 文案封面和正文配图

好的文案配上好的图片才算精彩。图片配得好，不仅会为文案增添不少魅力，而且可以吸引用户关注。微信公众号文案中常见的图片包括封面和正文配图，两种图片各具特色。

1. 封面

封面是对文案内容的说明和体现，有创意和视觉冲击力的封面可以快速吸引用户的注意力，让用户产生进一步阅读的欲望。但需要注意的是，封面要体现文案的主题，不能出现图文不符的情况，或不能单纯为了博取关注而采用与内容不匹配的封面。封面不仅可出现在微信公众号单个文案上，有的公众号每天发送多条消息，所有文案可用相同的主题封面。封面如图 3-24 所示。

新媒体营销人员在挑选封

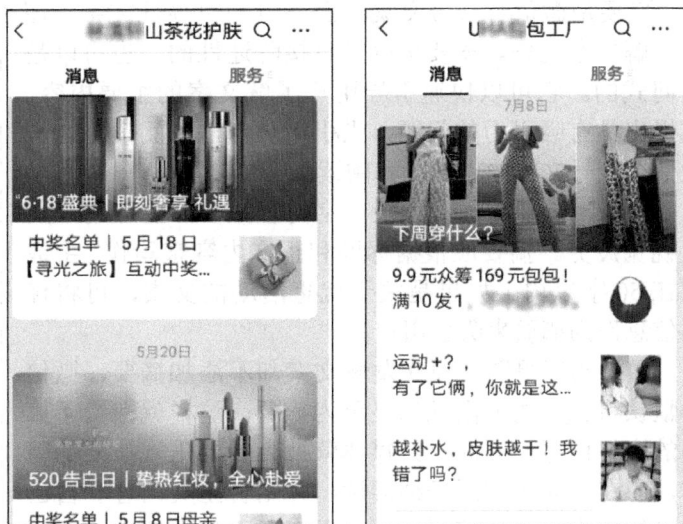

图3-24 封面

面时，一定要选择背景干净、重点突出的图片。图片
背景混乱容易影响用户阅读，重点不突出也会对用户
产生干扰。新媒体营销人员为微信公众号文案选择的
封面，一定要合乎标准。

2. 正文配图

新媒体营销人员为微信公众号文案正文搭配的图
片一定要和文案内容有一定的关联。例如，讲解美食
的文案可以配上美食图片，介绍旅游的文案可以配上
风景图片。此外，新媒体营销人员要处理好图片的冷
暖色调，同时确保图片大小合适。正文配图如 3-25
所示。

图3-25　正文配图

小提示 »»»»»» ▼

正文配图一定要有较高的清晰度和辨识度，这样才能给用户留下较好的印
象。文案中商品的图片足够清晰才更容易让用户了解商品，从而产生购买欲望；
相反，如果图片较为模糊，用户可能会觉得是在掩盖什么，从而产生不安全感，
即便有意购买最终也会选择放弃。

除了贴合文案主题的正文配图外，还有两种典型文案的正文配图。

（1）心情分享类文案。这类文案的正文配图可能和文字本身没有什么关系，仅仅是因为
图片好看，与文案的整体风格很搭。

（2）吐槽类文案。这类文案的正文配图比较随意，可以是网络图片，也可以是表情包等。

🔍 3.4.3　文案摘要

摘要是微信公众号文案封面下方的引导性文字，图 3-26 所示为摘要。其作用是引导用
户了解文案主题。摘要可以是直接陈述性的，也可以是
提问式的。它可以快速引导用户了解文案的主要内容，
或提出具有吸引力的问题，吸引用户点击和阅读，增加
微信公众号文案的点击量和阅读量。

摘要一定要简洁。如果文字内容太多，会让用户产
生视觉疲劳。摘要应根据标题和正文内容来写作，字数
应在 50 字以内。如果是关于优惠活动的文案，可将优
惠信息作为摘要来吸引用户。

如果选择单图文模式发表文案却不添加摘要，微信
会默认将正文的前面几句显示为摘要，这样就浪费了摘
要的大好位置。因此，新媒体营销人员要重视摘要的写
作，应在写完正文后仔细阅读，并结合正文内容和自己
的见解写作摘要。摘要不要出现表意不清的情况，否则
会影响用户对文案的第一印象。

图3-26　摘要

3.4.4　文案正文

微信公众号文案正文的编写相对来说比较自由，可以简单地阐述，也可以分门别类地总结。下面介绍微信公众号文案正文的写作。

1.　商品延伸信息

微信公众号文案正文应该以用户为中心，内容应该紧密围绕用户的需求，可以展示用户想了解的商品延伸信息，如展示收集的用户购买商品前、使用过程中、使用后经常遇到的问题及其解决方法等。图 3-27 所示为有关商品延伸信息的文案正文。

例如卖茶叶，商家不能只介绍自己的茶叶有多好，因为用户可能更想了解茶的泡法、存储方法，送礼时应该送什么茶等。如果是礼品定制店铺，文案正文中可加入一些有关送礼的知识等。如果是卖母婴用品的店铺，文案正文可以围绕婴儿的喂养、婴儿的护理等来展开介绍。

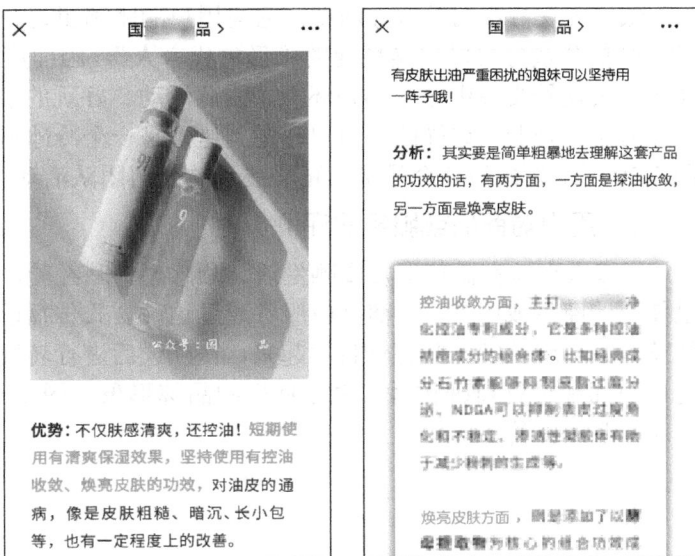

图3-27　有关商品延伸信息的文案正文

2.　商品优惠信息

相关调查显示，有百分之三四十的用户是冲着优惠信息才去关注一些品牌或商品的，可见商品优惠信息是很重要的。图 3-28 所示为商品优惠信息。

发布商品优惠信息前，商家应该设计一些专属于粉丝的特别优惠，让用户了解到作为粉丝才有的特殊待遇，这样用户才乐意成为粉丝，还会对发布的优惠信息进行转发传播。

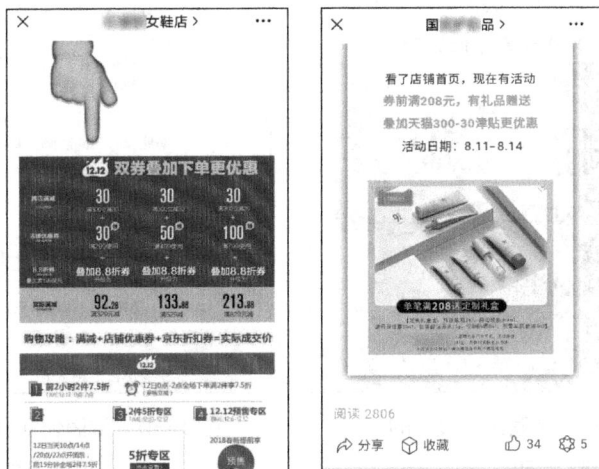

图3-28　商品优惠信息

3. 段子植入

很多人都喜欢好玩、有趣的段子，因为这些段子在幽默中能带给人一丝人生感悟，在给平淡的生活增添乐趣的同时，还能让大家感悟人生哲理。由此可见，企业如果能够将广告植入段子中，不仅不会让用户反感，反而会使其为精妙的创意而赞叹。

4. 企业文化与员工生活

微信公众号不同于官方网站，它与用户的距离更近，用户也更容易接受微信公众号的信息。微信公众号可以说是企业的"形象代言人"，因而应该展现企业应有的活力。企业可以在微信公众号文案中分享办公环境、团队活动、好玩的事、有趣的员工等，让用户通过微信公众号了解企业。这样能让用户感觉到这不是一个冷冰冰的账号，它的背后有一群可爱的人。图 3-29 所示为微信公众号文案正文展示的公司团队活动。

5. 用户对商品或服务的评价

很多人喜欢在微信朋友圈晒生活、晒感想、晒经验，这一系列的"晒"中常常会涉及自己使用的商品或服务，而商品或服务通过这种方式传播达到的口碑效应是非常显著的。新媒体营销人员应该把这些评价收集起来，在筛选后进行转发和简单的评论。这样可以借助用户之口对品牌进行口碑传播，树立良好的品牌形象。图 3-30 所示为微信公众号文案正文中用户对商品的评价。

图3-29　微信公众号文案正文展示的
公司团队活动

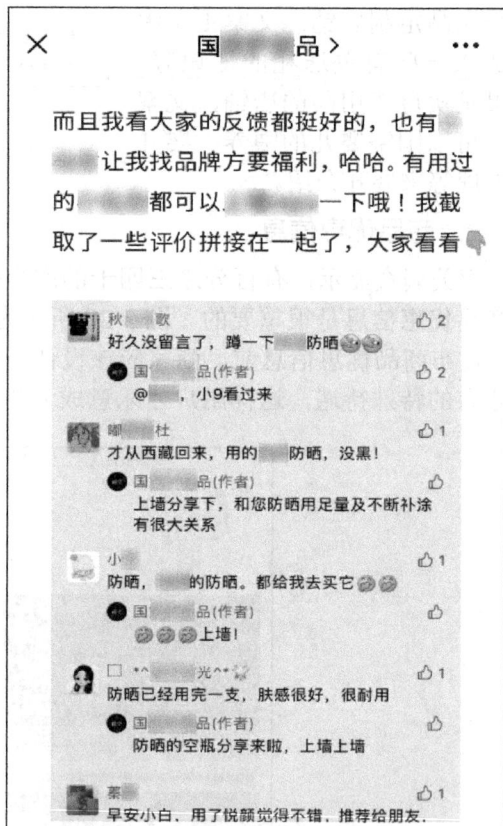

图3-30　微信公众号文案正文中用户
对商品的评价

3.5 微信公众号文案排版

微信公众号文案排版是每一位新媒体营销人员必备的技能，它直接关系到用户的阅读体验，同时会对微信公众号乃至品牌产生一定影响。

图片配得好不仅可以吸引粉丝，还会为文案增添不少魅力。微信公众号文案中常见的图片包括封面和正文配图，两种图片各具特色，挑选、排版方法也不尽相同。

1. 封面

（1）尺寸标准。微信所规定的公众号文案封面尺寸为宽 900 像素、高 500 像素。因此，公众号文案的封面尺寸一定要合乎标准。新媒体营销人员应调整好图片尺寸，尺寸不一定非得是规定的数值，做到比例合理即可。封面尺寸如图 3-31 所示。

（2）核心居中。核心居中是指封面上的核心内容要处于居中的位置，这样一来分享到朋友圈的内容会被编辑器自动选取中间的正方形部分形成预览效果，使得核心内容得以体现。封面核心居中如图 3-32 所示。

2. 正文配图

（1）配图尺寸。正文配图尺寸最好统一为 900 像素 ×600 像素，不要一张图片是长的，而另一张图片是方的。除了配图尺寸一致之外，配图风格最好统一，如图 3-33 所示。

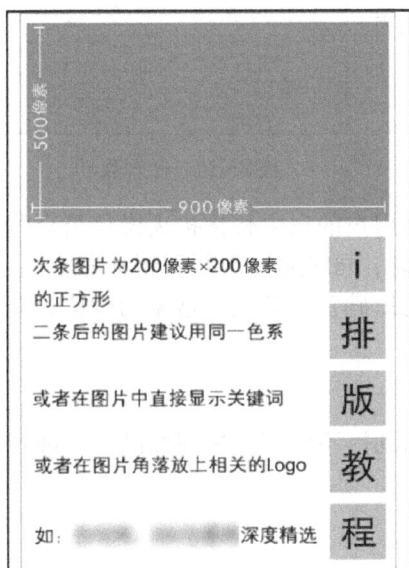

图3-31 封面尺寸　　　　　图3-32 封面核心居中　　　　　图3-33 正文配图

（2）留出空隙。留出空隙是指图和文字之间要有一定的空隙，这样可以提高文案的观赏性。最好是图片上下空一行，图片下方尽量用 10 号或 12 号宋体字对图片做出解释说明，例如本图片出自哪里，将版权写明，以此来规避不必要的风险。另外，图片应不宽于 320 像素，不高于 640 像素。

3.6 微信公众号的营销策略

在当下的营销活动中，制定营销策略对企业的生存发展具有重要的作用。微信公众号运营者要想提高企业的竞争力，更好地满足用户的需求，制定好微信公众号的营销策略是非常有必要的。

3.6.1 互动营销

要想留住粉丝就要及时互动。在微信公众号中提出的问题如果没有得到及时回答，粉丝就会很失望；如果问了几次都不回答，粉丝可能会马上取消关注。粉丝提出疑问，说明粉丝对企业或商品感兴趣，是潜在消费者。企业如果没有用心去维护该粉丝，通常就会失去该粉丝。正确的做法是第一时间解决粉丝的问题。随着不断沟通，粉丝就会成为企业的铁杆粉丝。做好互动如图 3-34 所示。

要想与粉丝进行有效互动，就要拓展现有的互动渠道。不能让互动交流仅限于微信公众平台，而要通过 QQ、邮件、论坛等不同形式，甚至利用线下面对面互动的渠道，如粉丝见面会、线下体验店活动等，产生交叉配合的效果，与粉丝建立更为紧密的关系。

图3-34 做好互动

3.6.2 活动营销

开展微信公众号活动营销可以调动用户的积极性，借助用户的自主传播扩大微信公众号的影响力。商家通过发起营销活动，对已有用户进行再营销；同时通过不断更新补充主题，使用户可以反复参与活动并带动朋友参与，从而形成极强的口碑营销效果。常见的微信公众号活动营销方式如下。

1. 优惠券活动

优惠券活动是在微信公众号上与用户互动的一种营销活动，不仅可以展现商品，还能让用户获得优惠。图 3-35 所示为优惠券活动。

2. 幸运大转盘抽奖活动

幸运大转盘模块可提供转盘抽奖服务，商家设置活动时间，预计参加抽奖人数，设置相应奖项和触发关键词，用户在线参与抽奖。图 3-36 所示为幸运大转盘抽奖活动。

3. 砸金蛋活动

砸金蛋活动被广泛应用于周年庆典、商家促销等场合，它具有趣味性、神秘感，能迅速活跃现场气氛。同样，砸金蛋活动也可以应用到微信平台上，用于开展线上营销。图 3-37 所示为砸金蛋活动。

图3-35 优惠券活动

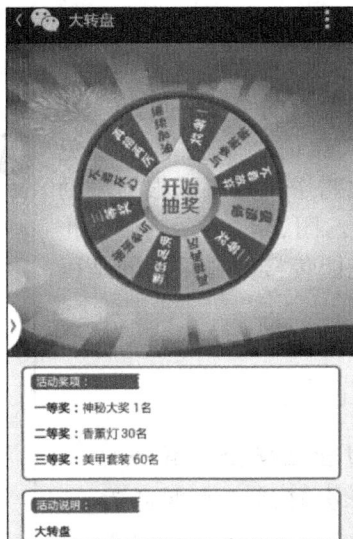

图3-36 幸运大转盘抽奖活动

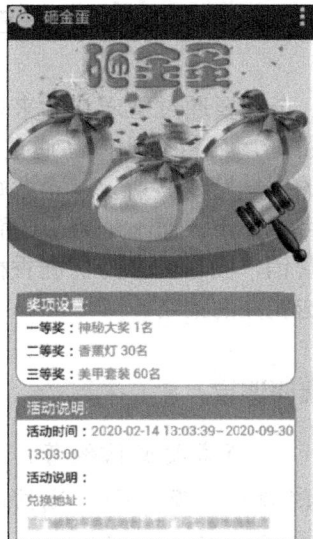

图3-37 砸金蛋活动

4. 欢乐答题活动

欢乐答题活动是以答题比赛的方式，给用户带来乐趣的一种营销活动。欢乐答题活动中系统会根据用户答题的正确率和答题速度自动计算用户的得分，商家会根据最终的比赛结果，评选出一、二、三等奖。图3-38所示为欢乐答题活动。

5. 会员卡活动

企业通过在微信平台内植入会员卡，可建立新一代的移动会员管理系统。在微信平台内植入会员卡不仅可清晰记录用户的消费行为并进行数据分析，还可根据用户特征对用户进行分类，从而实现各种模式的精准营销。图3-39所示为会员卡活动。

图3-38 欢乐答题活动

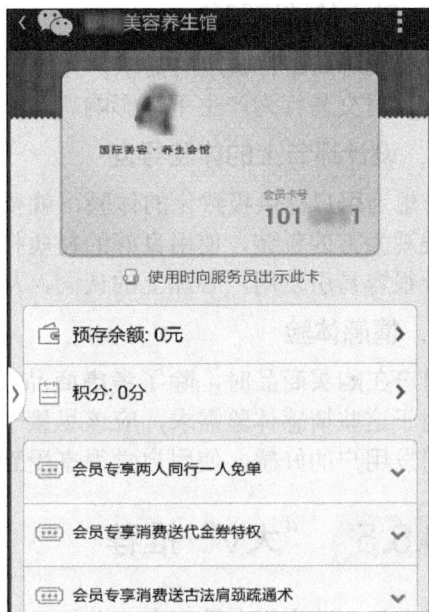

图3-39 会员卡活动

3.6.3 赠送礼品营销

企业要通过赠送礼品来增加用户的关注、互动，甚至引导用户将企业产品通过个人微信"分享"，实现免费的人脉营销。所以，企业每次赠送礼品可以根据激励的目标来定，而不是为了送而送。图3-40所示为赠送礼品营销，图中的上海保利香槟花园售楼中心采用的是积分送礼品的策略。

素质课堂 ⌄

　　商家要诚信经营，全力营造安全、有序的消费环境及公平、诚信的社会环境。当赠品存在问题时，商家应承担瑕疵担保责任。商家在商品促销活动中，不但要保证商品的质量，还要保证赠品的质量。如此，促销活动才能真正达到目的。

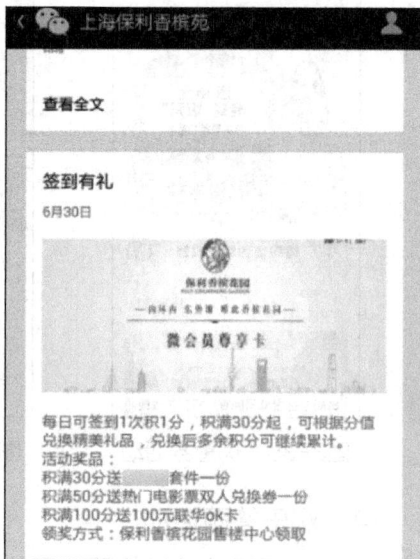

图3-40　赠送礼品营销

3.6.4 体验营销

微信公众号若想赢取用户的支持，要点之一就是为用户提供极致化的体验。但是极致化的体验并非凭空而来，要想真正做到这一点，必须从用户的真实需求出发，挖掘他们的内心渴望和情感诉求，通过高质量的商品或服务，引发其心灵上的共鸣。

1. 贴心的试用服务

很多人对商品有试用的需求，允许试用会令用户更愿意进行购买；反之，则会引发用户的不满，对交易行为产生不良影响。

2. 设计环节上的体验导向

若想为用户提供极致化的体验，就要从商品的设计制作环节开始抓起。例如，为商品配一个美观大方的包装，使用良好的材质打造商品外壳，将商品的外形做得更漂亮，等等。这些设计很容易引发用户心理上的认同，从而引发其购买行为。

3. 情感体验

用户在购买商品时，除了考虑商品质量等理性因素，还有一些对情感体验的潜在需求。企业对于这些情感体验需求，应该尽量予以满足。例如，个性化定制商品包装，会在很大程度上引发用户的好感，使用户觉得享受到出色的服务，进而产生重复消费行为。

3.6.5 "大V"推荐

通常每个微信公众号都有一定数目的粉丝，这就像是一个小小的"鱼塘"，"鱼塘"中的"鱼儿"游来游去，产生各种各样的交集。但是，每个"鱼塘"和其他"鱼塘"之间都存在着坚固的壁垒，这使得"鱼塘"更像是一个个相对独立的空间。营销者若想打破这层壁垒，将所有"鱼塘"中的"鱼儿"联系起来，便要用到"大V"推荐的方法，这是实现裂变式宣传的好途径。

> **小提示** ▷▷▷▷▷▷ ▼
>
> 营销者要想实现最优的推荐效果，就要选择"大V"，利用他们巨大的影响力去为自己做宣传。这样做可以建立更高的用户信任度，并有利于得到他人的推荐，进而开拓更多的宣传渠道。

1. 与"大V"产生联系

营销者若想与"大V"产生联系，最简单的方法就是做他们的粉丝或学生。例如，某"大V"设有媒体专栏，在某新闻平台上主推其学生微商创业的案例。这些学生便可以借助"大V"的影响力，提高自身的知名度。

2. 准备充分

最好的机会永远留给准备最充分的人。营销者要把准备工作做好，这样"大V"才会愿意进行推荐活动。例如，营销者可以准备做好的文案，并在文案中添加自己的微信号；可以准备适宜的照片，以便起到更好的展示效果；还可以展示自己与"大V"的合影，增强推荐的可信度等。这些准备工作会使"大V"推荐的效果更好。

3. 注重"引销"

进行"大V"推荐时，要"引销"而不要推销。所谓"引销"，就是重点推荐营销者本人，而不重点推销商品。这是因为单纯推销商品会使用户产生不良的印象，进而产生抵触情绪，不利于营销活动的开展。而推荐营销者本人则会把这种推荐定位成社交行为，起到加分作用，并引起用户一探究竟的兴趣。

除了"大V"外，微信好友、某些社群组织以及其他营销者等也是很好的互推对象。营销者需要利用任何能够利用的资源，扩大自身的影响力，这样才能拓展更多的宣传渠道，达到最好的营销效果。

技能实训——利用微信公众号进行女包营销

根据本章介绍的微信公众号营销相关知识，为某品牌女包撰写微信公众号营销文案，要求突出女包的卖点，并且排版美观，具体操作方法如下。

（1）明确商品的卖点。首先围绕"帆布女包"这一主题进行联想，然后确定文案的风格。在电商网站，如淘宝，搜索与"帆布女包"或企业品牌商品相关的文案作为参考，如图3-41所示。

（2）设计文案标题时可以在其中直接体现商品的卖点。标题中要含有关键词，如"轻便"，这样才能被搜索到，如图3-42所示。

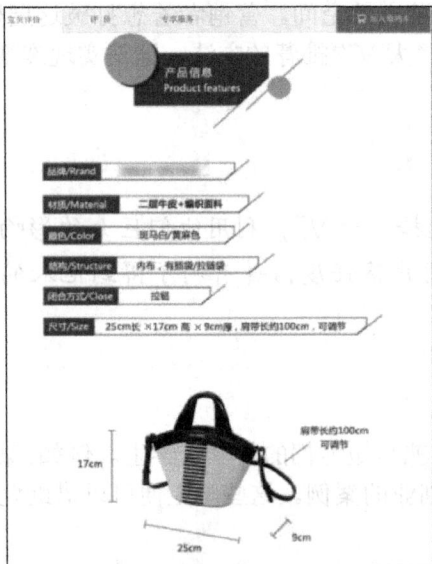

图3-41　在淘宝上搜索相关文案

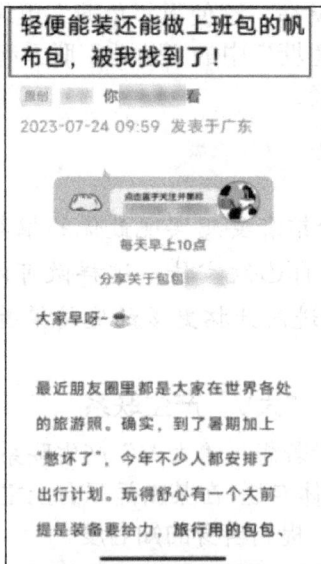

图3-42　标题中含有关键词

（3）在创作文案正文内容时，可以通过优惠活动来吸引用户的注意，如图3-43所示，也可以介绍商品的详细功能。

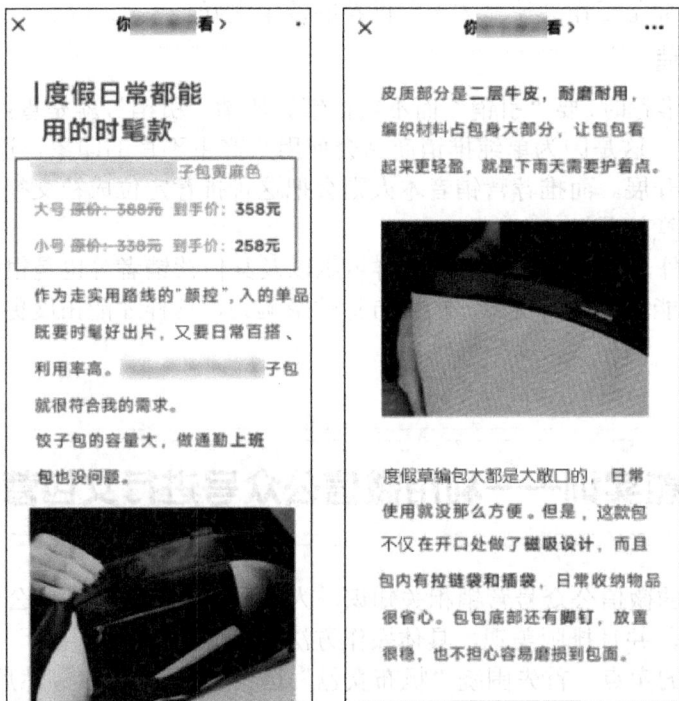

图3-43　文案正文内容

（4）根据标题和内容，寻找合适的商品图片。然后调整文案排版，注意文字的颜色、字号、行间距、段间距、字间距等，并给商品图片添加外部链接，直接链接到购物小程序，如图3-44所示。

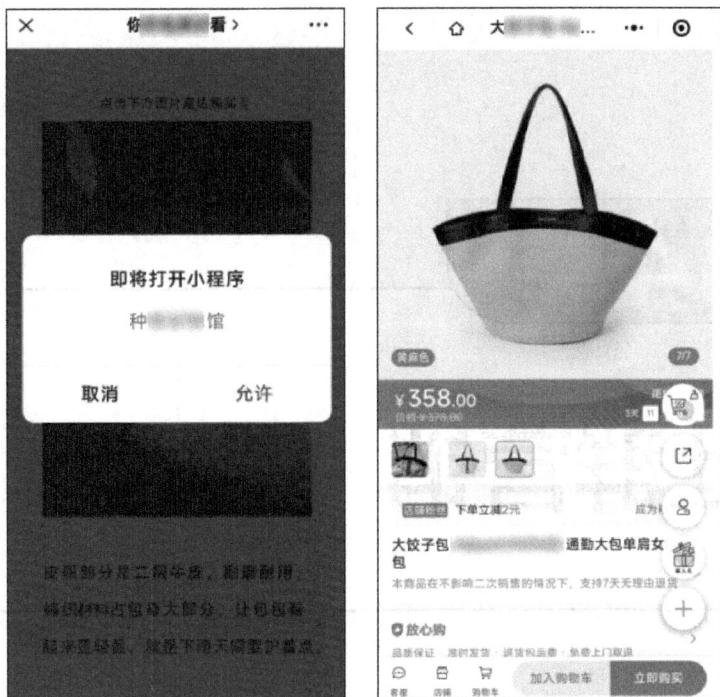

图3-44 图文排版并给商品图片添加外部链接

思考与练习

一、填空题

1．微信公众号是在 ＿＿＿＿＿＿＿＿＿ 基础上开发的功能深度扩展的平台。

2．微信公众号文案中常见的图片包括 ＿＿＿＿＿＿＿ 和 ＿＿＿＿＿＿＿ 。

3．＿＿＿＿＿＿＿ 是微信公众号文案封面下方的引导性文字。

二、简答题

1．微信公众号取名的常见方法有哪些？

2．写作微信公众号文案标题的注意事项有哪些？

3．常见的微信公众号活动营销方式有哪些？

4．如何做好微信公众号的体验营销？

第4章

社群营销

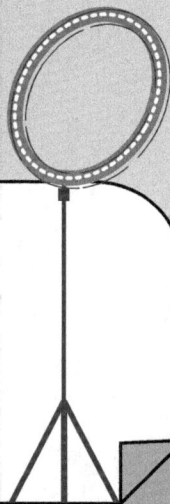

社群营销已经不再是一个新鲜的概念，我们在日常生活中常常会看到社群营销的身影，如QQ群营销、微信群营销等，同时也听到一大批社群营销的成功案例。社群营销具有精准、灵活、成本低、门槛低等多项优势，众多企业纷纷加入社群营销的行列。本章就来介绍社群营销方面的知识。

- 了解社群和社群营销
- 掌握创建和管理社群的步骤
- 熟练掌握开展社群营销活动的方法
- 熟练掌握社群变现的常见模式
- 传承中华优秀传统文化

4.1 认识社群营销

社群营销已经是营销行业的一个热门研究课题。特别是社交电商的发展改变了传统的营销模式后，社群营销也成为越来越多企业的重要竞争手段。

4.1.1 社群的定义和特征

社群就是有共同社交属性的一群人的集合，即一群人因相同的兴趣爱好、价值观等而聚集在一起，成为一个群体。

当人们因为同样的爱好，基于一致的物质、情感需求，在某个人的号召下聚集在一起时，就形成了社群。一般来说,社群具备 3 个特征：一是有稳定的群体结构和较为一致的群体意识；二是有一致的行为规范和持续的互动关系；三是彼此之间可以分工协作，为实现同一目标而采取一致行动。

社群中的人和人是有交叉关系的，即人与人之间相互了解，并会产生交流。如社群里两个人是好朋友，相互有对方的微信号、QQ 号、电子邮箱等，当有了这种关系后，即使有一个人离开了社群，其情感连接也不会轻易消失。情感连接是指社群成员之间的情感关系，社群运营者要想在一个社群中创造出情感关系，就得让大家互相了解，互相关注对方的行为、喜好。

4.1.2 社群营销的定义与特点

社群营销是随移动互联网的发展而出现的营销模式。社群营销就是基于群体相同或相似的兴趣爱好，通过某种载体聚集人气，通过商品或服务满足群体需求而产生的商业营销模式。社群营销的载体不局限于微信，在各种平台都可以做社群营销。在论坛、微博、QQ 群，甚至线下的社区，都可以进行社群营销。

社群营销的特点主要表现在以下几个方面。

1. 弱中心化

社群形成后，可采取弱中心化的管理方式，最初的群主可以逐渐淡出社群成员的视野，给予成员自由交流的空间，推动成员主动吸纳更多人员入群，从而不断丰富社群的内容，增强社群的生命力。社群成员可以一对多、多对多地实现互动、传播，使得传播主体由单一走向多元、由集中走向分散，这是弱中心化的表现。

2. 互动性强

社群营销基于社群成员之间的互动交流，使每一个成员成为信息的发出者，同时又成为传播者和分享者。正是这种多向的互动性为企业营销创造了良好的机会。社群成员对商品的良好评价会提升商品在社群成员之间的口碑，对第一次购买商品的社群成员或进了社群还没有产生交易的社群成员将会产生良性的影响。企业与社群成员之间直接沟通，也能为销售带来促进作用。

例如，小米 QQ 用户社群（见图 4-1）的发起者既包括小米官方也包括小米用户。用户会在社群中针对小米的产品体验进行交流，这时如果有一位想要购买小米产品的用户入群，社群中对小米产品的讨论将直接影响他是否购买该产品。

图4-1　小米QQ用户社群

3．更看重情感连接

与其他营销模式不同，社群营销更看重情感连接。在营销过程中，企业需要与社群成员建立情感上的联系，通过沟通交流从陌生人逐渐成为朋友。企业需要用心维护新、老用户，通过用心服务让他们购买产品。依然以小米为例，小米QQ用户社群的沟通交流如图4-2所示。

图4-2　小米QQ用户社群的沟通交流

4．高转化

社群营销具有高转化的特点。例如在学习社群中，某个商品引起了用户的兴趣，抓住了用户的痛点，解决了用户记不住知识点等问题，用户在群内下单并晒图，群主再以发放专属优惠券、赠送额外资料等策略在群内吸引其他用户下单，实现高转化。

5. 费用低

社群营销的费用相对较低，比起传统媒体一年动辄百万、千万的投入，做好社群营销一年的预算不过数十万元。在社群营销中，社群就相当于实体店，只不过没有水电费和租金等额外成本，在运营环节中花费的主要是时间、精力。

4.1.3　社群营销的策略

移动互联网时代，企业也想抓住社群的优势发展业务。然而，社群营销对有的企业来说有一定的难度。下面介绍社群营销的几种策略。

1. 关键意见领袖是动力

社群营销需要关键意见领袖（KOL），关键意见领袖应是某领域的专家或权威人士，这样才能推动社群成员之间的互动，建立社群成员对企业的信任，从而传递价值。

2. 提供优质的服务

企业通过社群营销可以提供商品或服务，来满足社群成员的需求。在社群中提供服务，例如会员服务、专家咨询服务等，能吸引不少用户的注意力。

3. 优质的商品是关键

无论是在工业时代，还是在移动互联网时代，商品都是销售的核心。如今，企业做社群营销的关键依旧是优质的商品，如果没有有创意、有卖点的商品，再好的营销也得不到用户的青睐。

4. 选对开展方式

社群营销的开展方式是多种多样的。例如：企业自己建立社群，做好线上、线下的交流活动；与目标用户合作，支持或赞助社群开展活动；与部分关键意见领袖合作开展活动。总之，企业必须在开展社群营销方面多下功夫，才能达到良好的营销效果。

4.2　创建和管理社群

创建和管理社群的步骤包括创建社群名称、设计社群 Logo、设置社群规则、明确社群结构等。

4.2.1　创建社群名称

社群名称是非常重要的社群符号，是社群的第一标签。好的社群名称能让用户一听就记住，而且知道社群的定位。有以下几种社群取名方法。

（1）围绕创始人的名字取名。如"樊登书友会"。

（2）围绕核心商品取名。如小米的"米粉群"、华为的"花粉群"。

（3）根据目标用户群体取名。从目标用户着手，社群想吸引什么样的群体，就取与这个群体相关的名字，如书友会、爱跑团、健身团、爱学习群、妈妈群。

（4）根据社群理念取名。例如，王潇的"趁早"。

（5）根据地区取名。例如，社群成员主要是上海的，就可以把社群名称改为"上海+名称"。

微信群是常见的社群。修改微信群名称的方法很简单，具体操作步骤如下。

（1）打开微信群，点击界面右上角的"…"，如图4-3所示。

（2）打开"聊天信息"界面，点击群聊名称，如图4-4所示。

（3）打开"修改群聊名称"界面，在"群聊名称"文本框中修改群聊名称，如图4-5所示，完成后点击"完成"按钮即可。

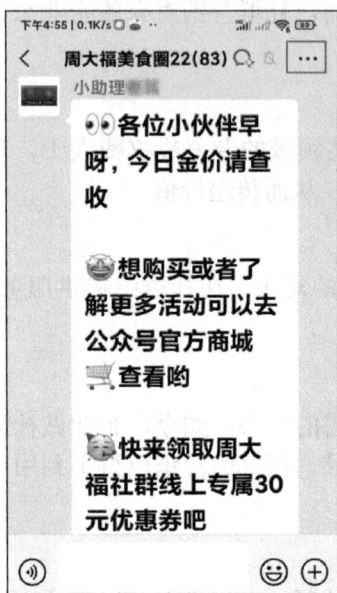

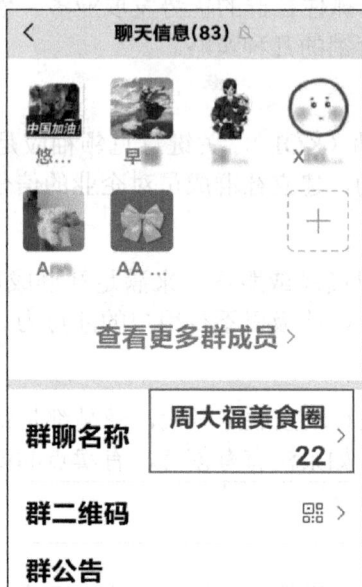

图4-3　点击"…"　　　　图4-4　点击群聊名称　　　　图4-5　修改群聊名称

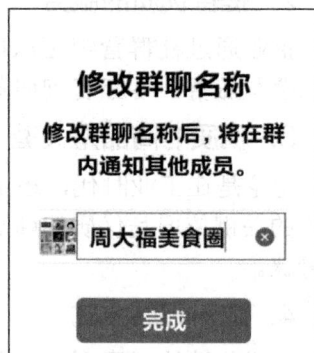

4.2.2　设计社群Logo

Logo即徽标、商标，正如品牌有自己的Logo，如果想让社群品牌化，就应为社群设计专属的Logo。

常见的社群Logo设计方法有两种：一种是已经非常成熟的企业或品牌在做社群运营时，会直接使用自己品牌的Logo；另一种是原生态的社群在一般情况下用社群名称作为Logo（见图4-6）。

直接使用品牌Logo无法展现社群的特殊性，也无法体现社群的内涵。对品牌Logo进行改造，可以使其适应社群品牌化的需要。

设计好Logo之后，社群在所有平台开展活动时，应根据Logo来进行统一的活动视觉设计。社群的官方微博和微信账号、纪念品、邀请卡、胸牌、旗子等都可以使用统一的视觉形象来强化品牌形象。

图4-6　用社群名称作为Logo

素质课堂 ⌄

　　中华民族有着深厚的历史文化底蕴。随着时代和经济的发展，在设计行业中中国传统元素为设计师提供了更多的创意和想法。中国传统元素不仅是中国传统文化的一种象征，更是中国现代设计不可缺少的重要元素，如中国古典建筑、中国古典装饰纹样、中国书法、中国古代重大发明等。

　　中国传统元素在 Logo 视觉设计中可以起到画龙点睛的作用，不仅可以生动形象地传达出视觉设计者所要传达的意思，还可以充分体现出一种民族文化的意境美。这是因为中国传统元素是长期形成的民族文化浓缩的精华。视觉设计的发展也需要不断地创新，视觉设计者在充分发掘中国传统元素的基础上，也要借鉴世界各国相关设计领域的先进经验，不断改革与创新，将中国传统元素的气韵与风度融入视觉设计作品中，让世界通过中国传统元素加深对中国的印象，促使世界了解中国。视觉设计者应将视觉设计中的中国传统元素作为文化传播的纽带，向全世界展示中华民族的创造力。

4.2.3 设置社群规则

　　没有规矩，不成方圆。在构建社群时社群运营者需要制定一些符合社群价值观的规则，这样不仅能让社群成员第一时间清楚社群的价值，还能规范社群成员的行为，提高社群管理的效率。社群规则是社群良性发展的基础。常见的社群规则包括 4 个方面：入群规则、拉人规则、行为规则和淘汰规则。

1. 入群规则

　　入群规则是入群后所有社群成员应该遵守的一系列规则。入群规则对社群来说非常重要。从某种程度上来说，社群就是一个有界限的圈子。界限的存在不是为了将圈外人拒之门外，而是为了给圈内人打造一个安全的内部环境。设置入群规则就是一个表现界限的好方法。

　　某社群公告中的入群须知如图 4-7 所示，其在新人入群的第一时间就告知新成员能做什么、不能做什么。这样的设置使新人入群时就能对社群规则有一定的了解，群主以后进行管理时也比较容易得到社群成员的认同。

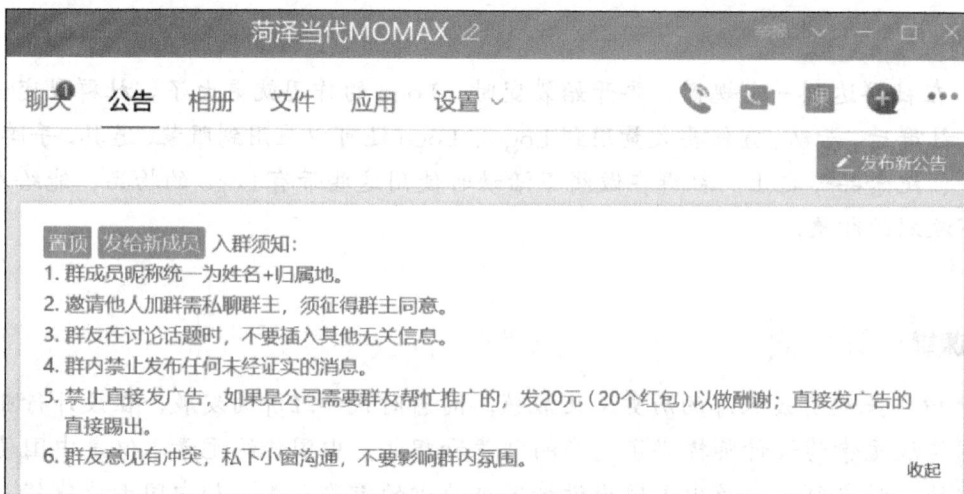

图4-7 入群须知

2. 拉人规则

根据不同的社群属性，社群运营者应制定相应的拉人规则。拉人规则主要有 5 类：邀请制、付费制、申请制、任务制、举荐制。

（1）邀请制。可邀请一些关键意见领袖来捧场，借助他们的影响力来做宣传推广。

（2）付费制。新人付费才能加入社群。一个人为了进群付费，就证明了这个社群的价值。

（3）申请制。新人需要提出申请，经过审核后才能入群。审核可以通过问卷调查、发邮件、一对一私聊等形式完成。此种方式一般适用于高端社群。

（4）任务制。新人一般需要完成一定的任务后方可加入社群，如转发活动海报到朋友圈即可加入某学习群，再如转发图文集指定数量的赞即可入群等。

（5）举荐制。新人入群要经过群内人的推荐。一般推荐人会给被推荐人解释群的价值，让被推荐人对群有所了解。推荐人和被推荐人通常互相认识，更容易产生互动，这便于社群的管理。

3. 行为规则

行为规则虽然是对行为做出要求和限制，但是不宜使用强势的、禁止型的表述。因为禁止型行为不但需要专人监督管理，费时费力，而且容易造成社群成员因无法判断自己的行为是否违规而更倾向于保持沉默。

对于违反行为规则的成员，根据其情况严重程度来决定惩罚的轻重：如果不严重，可以只做口头警告，或罚其发一个几块钱的小红包提醒其不要再犯；如果严重，如多次故意刷屏、多次打广告、发布违规言论等，应当毫不留情地直接将其踢出群。社群管理员一定要及时、公正地做出相应惩罚，避免给人留下不作为、故意偏袒、管理不力的印象。群主及社群管理员要起带头作用，以身作则，社群成员才会遵守规则。

4. 淘汰规则

对于一个成长中的社群来说，定期淘汰不符合规则的成员是非常必要的，这可以提高社群活跃度。而且淘汰制会给成员紧张感，让成员觉得社群有价值，愿意付出努力留下来。常见的社群淘汰规则有人员定额制、积分淘汰制、犯规移出制、主动劝退制 4 种。

4.2.4 明确社群结构

一般而言，一个合理的社群结构主要有以下几种角色：群主、社群KOL、社群管理员、社群小助理、社群活跃分子、社群普通成员，如图4-8所示。

1. 群主

群主一般是社群创建者，在社群里拥有最高权限。虽然人人都可以建群，但并不是所有人都适合当群主。群主的显著特点是拥有独一无二的魅力，能让社群形成文化特质，并不断裂变、进化，进而顺利变现。

2. 社群KOL

社群KOL是为社群贡献内容的人，有能力、有专业知识，以人格魅力去带动社群氛围，能通过为社群贡献有价值的内容来提升自己在社群的影响力。例如社群KOL可以分享相对专业的母婴知识，或者输出跟家庭教育相关的有价值的内容，为社群成员答疑解惑。

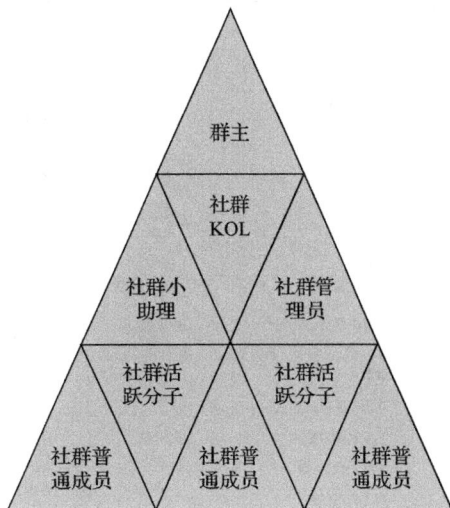

图4-8 社群结构

小提示 >>>>>>>

在社群成立初期，社群内的KOL并不多，可能只有一两人。随着社群的不断发展，交流的主题越来越多样化，社群自然而然地会出现多名KOL。而当社群内有多名KOL时，社群运营的核心工作就是KOL运营。因为影响一名KOL，就可以影响众多的社群成员。

3. 社群管理员

为了让社群的发展更规范有序，社群必须设定管理员制度。社群管理员主要负责规划和管理社群事务，以及负责社群的整体运营工作，深挖社群成员需求，定期协助群主策划线上、线下社群活动，激发社群成员的参与热情，提升社群影响力。社群管理员需监测、跟踪社群成员动态和活动效果，分析数据并总结经验，结合运营的实际情况，推动优化运营策略、完善社群相关制度。

4. 社群小助理

社群小助理的职责是辅助社群管理员发布工作任务、完成工作计划、进行社群媒体平台的内容编辑等。这些工作看似琐碎，却能有效地辅助社群管理员完成社群的管理和维护。

在企业微信群中，社群小助理也可以使用社群机器人来协助处理一些琐碎的事务。例如，管理群内聊天内容，处理广告信息；成员入群自动触发入群欢迎语；通过问答对话示例素材，提高客服人员的回答正确率与话术严谨度；通过强制回复功能、超时提醒功能，确保不漏掉任何一条信息。借助社群机器人，社群小助理能够有效地提高处理社群日常事务的效率，让社群管理员有更多的时间去策划和输出更有价值的内容。图4-9所示为社群机器人在线客服。

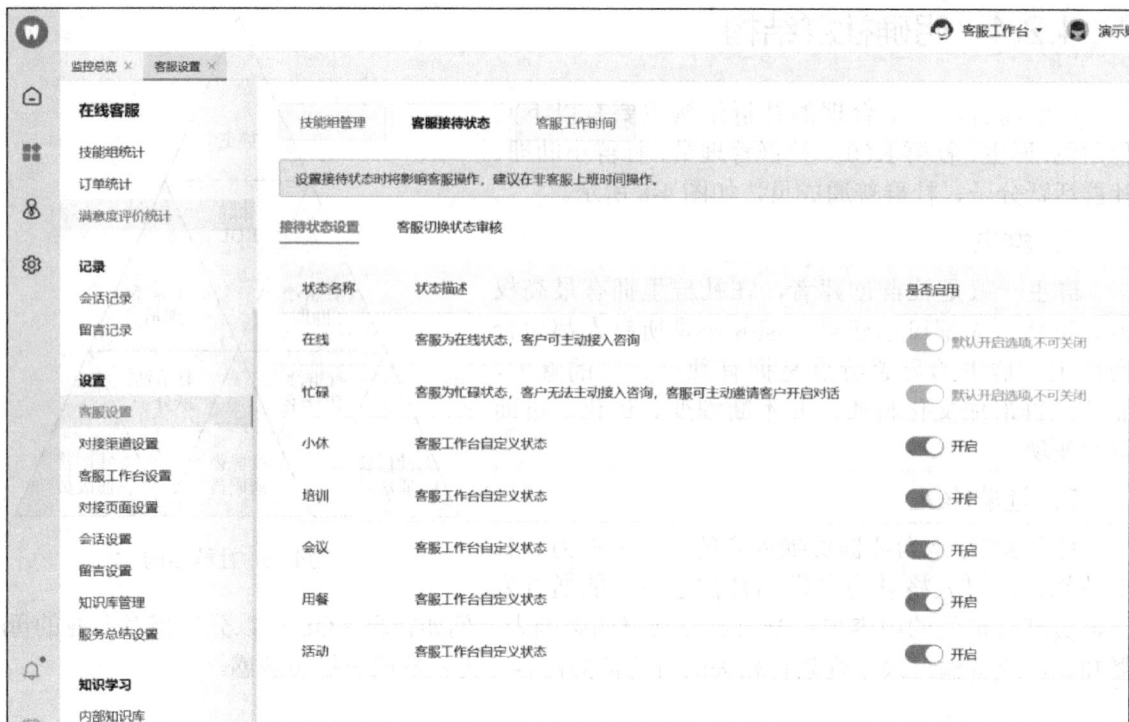

图4-9　社群机器人在线客服

5. 社群活跃分子

社群活跃分子，即负责提升社群人气、活跃社群气氛的人。社群中需要足够数量的社群活跃分子，其能带动整个社群的气氛，提高社群活跃度。社群活跃分子每天在社群内签到、聊天，不断分享各种有趣的话题，让整个社群呈现出活跃的状态。

社群里有数量足够的活跃分子，整个社群往往就能保持稳定的活跃度。一旦社群活跃分子逐渐变得不活跃，整个社群的活跃度就会直线下降。为了避免这种情况出现，不妨给予社群活跃分子一定的奖励，激励他们持续活跃。

6. 社群普通成员

社群普通成员的诉求并不明确，偶尔遇到自己感兴趣的话题，会在社群内发表自己的想法和意见，活跃度比较低。社群里的大多数人其实就是这类用户，这属于正常现象。这部分人可能工作或者生活中比较忙，也可能是性格使然，在群里很少发言，但是喜欢围观。有些"潜水"的普通成员，如果社群活动对他们有价值，他们也会参与。

4.3　社群营销活动

社群营销活动要有策划，更要有丰富的形式。下面介绍常见的社群营销活动。

4.3.1 社群积分活动

社群积分活动是用来鼓励用户签到、发言，活跃社群气氛，或是完成用户留存、拉新等社群任务的一种激励运营方法。企业可结合社群运营情况设定积分奖励体系，当用户完成签到、发言、邀人入群以及其他规定动作时，就能获取相应的积分奖励。

社群积分活动是一个很好的营销手段。在社群这种私域流量池中，积分活动有非常大的作用，它可以直接引导用户的行为，让用户按照企业的要求完成留存、活跃、转化、拉新等行为。通过这些行为，企业可以收获用户的增长以及收益的提升，这就是社群积分活动带来的好处。

在社群积分活动中，积分奖励是必不可少的，除了用户固定行为的积分奖励外，企业还需要根据实际情况来自定义积分奖励，这样可以更好地调动用户的积极性。图4-10所示为某社群设置的积分奖励。

图4-10　某社群设置的积分奖励

4.3.2 社群分享活动

社群分享活动中的分享内容可以是生活感悟、专业知识、创业故事，总之一切对用户有价值、能够满足用户需求的东西，都可以成为很好的分享内容。

常见的社群分享活动形式包括社群运营者定期分享、邀请嘉宾分享、优秀社群成员分享等。

1. 社群运营者定期分享

社群运营者定期分享，很容易得到社群成员的认可。不过，这种分享机制对社群运营者的要求很高。社群运营者需要有极高的威望，有号召力，且有源源不断地分享主题和充足的分享时间。

2. 邀请嘉宾分享

邀请嘉宾分享，即请社群外的"大咖"或专家做分享。社群运营者需要在分享活动开始前几天就让分享嘉宾做好准备。有的分享嘉宾是社群运营者的长期合作伙伴；有的分享嘉宾可能是突然收到邀请的"大咖"，与社群运营者并无太多交情。

3. 优秀社群成员分享

在社群分享活动中，社群成员喜欢看的往往是某方面的经验总结。而要满足社群成员的需求，就需要有经验且成果丰富的优秀社群成员来做分享。

4.3.3 社群红包活动

为了促使社群活跃，吸引更多新用户参与和留住老用户，社群运营者常常会采用各种各样的促活方式，社群红包活动就是其中常见的一种。下面是一些常见的社群红包类型。

1. 欢迎红包

每当社群中有新成员加入时，打造一定的仪式感可以让新进入的成员更快地融入社群中。除了对新成员发送欢迎语外，也可以由群主或者社群管理员代表发送一个红包，作为一个简单的欢迎仪式，迎接新成员的到来。发送欢迎红包除了能让新成员感到受重视外，还能让其他社群成员更加关注新成员。

2. 签到红包

每天发签到红包能起到主动唤醒社群的作用。每天的签到红包可以分为早安红包和晚安红包。红包金额不在多，也不需要平分。发社群签到红包，核心目的不在于让大家领到多少钱，而是让大家产生社群记忆。

3. 邀请红包

为了鼓励社群成员邀请新人加入，社群运营者可以设置邀请红包对这种行为进行奖励。为了扩大社群规模，社群运营者应当鼓励社群成员邀请好友加入。这里有两种发邀请红包的思路。

（1）对邀请者个人直接进行奖励，也就是如果哪位社群成员邀请了新人，就可以给其发红包作为邀请奖励。

（2）当社群成员达到指定的人数时，例如社群成员每增加 100 人发一次红包，或者社群成员人数达到 100 人、200 人、300 人、400 人、500 人时分别发不同金额的红包。这种群体性质的成员福利会让黏性较强的社群成员产生更大的邀请动力。

4. 节日红包

节日红包比较常见，通常就是在重大节日或者其他重要的日子（如周年庆、品牌日、会员日等）发的红包。发节日红包的目的主要是烘托节日的气氛，对于树立品牌的形象也能起到一定的作用。

当然对于不同的节日，红包的金额、数量、发放方式要求也不同。中秋节、国庆节、元旦、春节，在这些日子发红包，大家花时间领红包，互相说祝福，大家都开心。

5. 任务红包

社群中通常会发布一些任务，例如发好评、点赞、分享等。社群成员完成这些任务之后，就可以通过截图反馈来领取对应的任务奖励，任务奖励就可以设置为任务红包。这种方式可以带动社群成员参与完成任务，实现持续性的正向反馈，从而提高社群的活跃度。

6. 预热红包

企业或者品牌会不定时地举办一些或大或小的活动，社群作为私域流量池，是活动宣传的重要场所。要让更多的社群成员关注企业的活动，充分调动社群成员的积极性，社群运营者就可以发预热红包。

7. 专属祝福红包

如在某人生日、结婚、生子时发的祝福红包就是专属祝福红包。例如，生日红包作为一种祝福，能突显社群的人情味，也能让社群成员感受到自己是被重视的，从而加深对品牌的好感，这对之后的激活和转化都能起到正向的推动作用。

8. 晒单红包

引导社群成员在群内晒单是非常有必要的，因为晒单有助于促进社群的转化。这个"晒单"可以是晒出订单截图，即在购买商品后进行分享；也可以是在收到商品或者接受服务后的反馈。社群成员通过分享自己的使用感受，帮助企业打消其他社群成员的顾虑，增强其信任感。

4.3.4 社群打卡活动

打卡原是指企业工作人员上下班时将考勤卡放在打卡机上，以记录其到达和离开企业的时间的行为。在网络上，打卡多用来表达正在为养成一个好习惯而努力，而社群打卡活动旨在通过社群的力量来促进个人的自我管理和成长。

个人在社群内打卡，往往更容易养成一个好习惯。因为个人在社群内打卡，意味着一种公开的承诺，意味着其为了养成某个习惯而准备接受社群成员的监督，代表"认真执行"的态度。

而对社群来说，全体社群成员共同为实现一个目标打卡，既能提高社群的活跃度，又能增强社群的凝聚力，还能借助合适的打卡项目输出高价值的内容。

企业可以使用社群打卡激励用户参与活动，增强用户的黏性。当运营的社群（如学习群、兴趣群等）需要用户进行长期、有效的互动时，企业可以使用社群打卡活动提高用户在群聊中的参与度。

4.3.5 社群线下活动

社群运营者可以多举办线下活动，通过真实的交流互动来增进用户的好感，如组织同城见面会。用户可通过这些见面会进行交流，分享彼此对社群的看法。这些活动能提高用户对社群的忠诚度。

开展线下活动前，写一份完整、清晰的活动策划书能够帮助社群运营者从全局把控整场活动，从而做到心中有数，有节奏、有计划地开展活动。

线下活动策划书应该包括以下几个部分的内容。

（1）活动运营团队人员名单。

（2）活动运营团队人员工作职责与任务分配。

（3）活动的具体内容：活动名称、活动主题、活动目的、活动邀请嘉宾、活动时间、活动地点、参与人员、参与人数、活动环节等。

（4）寻找合适的合作方和赞助商。

（5）线下活动实施，如物品采购、场地搭建、嘉宾安排。

（6）费用说明。如果是收费活动，需要说明具体的收费标准。

（7）奖品设置。如果有奖品，需要罗列出奖品。一般来说，中奖率越高的活动越容易吸引人，参加的人就越多。奖品设置要有梯度，既要有大奖又要有小奖。

（8）合影及后续推广安排。

在社群线下活动方面，小米的做法非常具有借鉴意义，值得广大企业的社群运营者学习与参考。

小米同城会、"爆米花"活动和 MIUI 社区线下聚会是小米社群线下活动的 3 种形式。

如何提高用户线下活动的参与度？小米做了"爆米花"活动，它实际上是用户见面会。"爆米花"活动体系包括小米官方每年组织的几十场见面会、用户自发组织的同城会，以及每年年底的"爆米花年度盛典"。

"爆米花"活动不是路演，不做商品体验，也不做广告，就是大家一起玩，让用户展示自己和认识新朋友。"爆米花"活动全程都让用户参与。这也是小米和很多传统品牌最大的不同：和用户一起玩，不管是线上还是线下，无论什么时候，尽可能让用户参与活动，让用户参与到商品改进、品牌传播中。图 4-11 所示为"爆米花之星"活动报名通知。

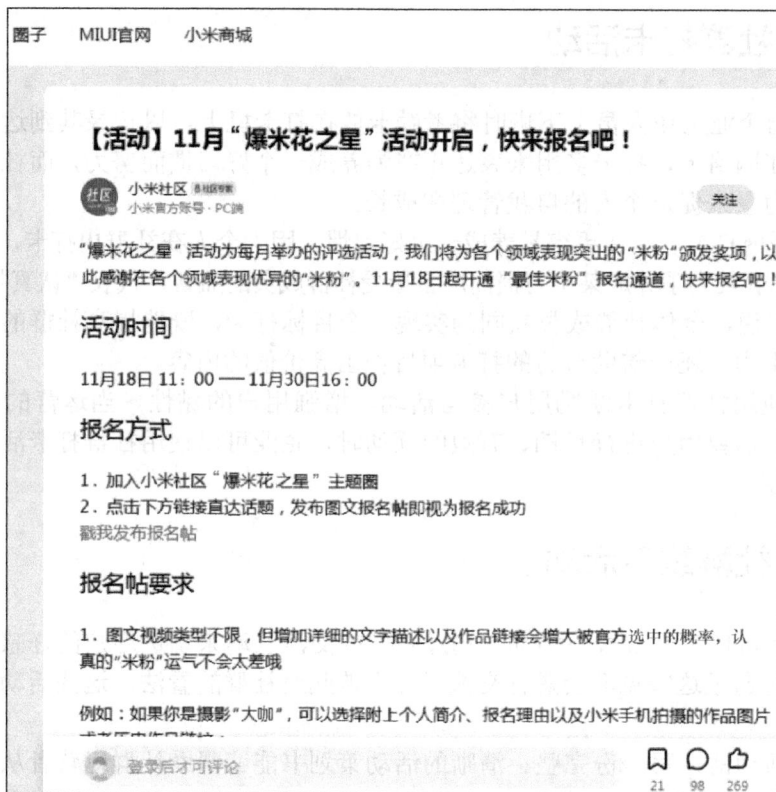

图4-11　"爆米花之星"活动报名通知

4.3.6　社群福利活动

社群福利活动就是在社群中以不同的名义发放福利，通过场景运营，批量成交用户，其主要目的是让用户跨品类购买，或提高单一品类的复购率。福利群需要吸引的是引入期和成长期的用户，企业可以通过福利群的运营，引导用户在私域内完成第一次复购，或者产生两次以上的复购。企业还可根据用户消费数据的不同，如消费金额、消费次数、消费品类等进行分层建群。

一般而言，社群的福利主要有以下几类。

（1）实物商品类。为了能带给社群成员有价值的福利，发实物商品类福利无疑是一个明智的选择，尤其是定制化的特殊礼物。例如给元老级的社群成员一些年货，或者给普通社群成员一些合作商赞助的小礼品。

（2）知识课程类。可以赠送各种付费订阅知识商品，这种操作与发红包一样，既快速又便捷。对付费精品课程还可以开设小班进行分享，但只限核心成员参与，这样可以激发大家的积极性。

（3）荣誉头衔类。对于没有严格的组织架构的社群来说，在社群里设立一些特别的、有趣的头衔是激发活跃性的一种方法。荣誉头衔也可作为社群专属福利发给社群成员。

4.4 社群变现的常见模式

现在很多人运营社群更多是为了变现，实现变现的方式有很多种。下面将详细介绍社群变现的常见模式。

4.4.1 销售商品变现

社群变现的常见模式之一就是销售商品。商品选择至关重要，甚至可以说是社群销售商品变现的关键环节。在社群中销售商品时的商品展示形式一般分为链接、文字、图片、视频、组合5种。

1. 链接展示

链接展示指的是通过链接的形式展示商品，即用户点击链接后就可以进入商品展示页面。链接的类型很多，包括淘宝链接、京东链接、拼多多链接、小程序商城链接等。

2. 文字展示

文字展示是指通过文字介绍的形式展示商品。社群运营者在商品的文字描述中应该体现商品的基本情况，突出商品卖点，给用户一个下单购买的理由。

3. 图片展示

图片展示是指通过图片的形式来展示商品。一张具有视觉冲击力的商品图片能为商品带来更多的流量和更高的点击量。图片展示一般会搭配"折扣""惊爆价"等形式的活动，以促使用户产生消费行为。

4. 视频展示

视频展示是指通过视频的形式来展示商品。随着电子商务的发展，人们已经不再仅仅满足于通过文字和图片了解商品，因为视频能够更直观地展示商品。在社群中通过视频展示商品也是常用的商品展示方法，通常用于展示商品的外观、功能、特性等，如图4-12所示。

5. 组合展示

组合展示即同时使用多种展示形式，以提升商品的展示效果。常见的有"文字＋图片""文字＋视频"等形式。图4-13所示为组合展示。

图4-12 视频展示

图4-13 组合展示

4.4.2 付费课程

付费课程是指通过售卖课程变现的知识付费形式，也是知识变现领域主流的形式。近年来，随着知识付费的兴起，不论是出于个人发展的需要，还是受工作和社会氛围的影响，人们在知识付费方面的投入开始增大，也越来越能够接受付费课程了。

付费课程往往多种多样，包括图文付费课程、音频付费课程、视频付费课程等。

1. 图文付费课程

图文付费课程是指通过文字和图片传授知识的课程形式。图文付费课程制作简单且成本较低，适合中小社群。但是这种形式的劣势在于文字和图片的内容黏性较低，用户难以被图文形式的内容吸引。

2. 音频付费课程

音频付费课程是指通过声音传授知识的课程形式，常见于音频平台。音频课程中较重要的是语速、口音、情感等，这些因素会直接影响音频课程的质量，而且影响较大。

3. 视频付费课程

视频付费课程是目前常见的课程形式，通过视频来传播内容，适用于各领域，但是相对而言制作成本也较高。社群运营者可以通过定期更新视频付费课程，向用户展示课程中的部分内容，以吸引用户购买。

对于用户来说，越专业的知识就越有价值，用户也越愿意付费观看。不过，并非所有与专业相关的知识都会被用户接受，用户更愿意为与自己生活和工作密切相关的专业知识付费，如职场、法律、理财等方面。图 4-14 所示为某吉他主播推出的视频付费课程，主要内容是吉他方面的专业知识，吸引了感兴趣的用户付费观看。

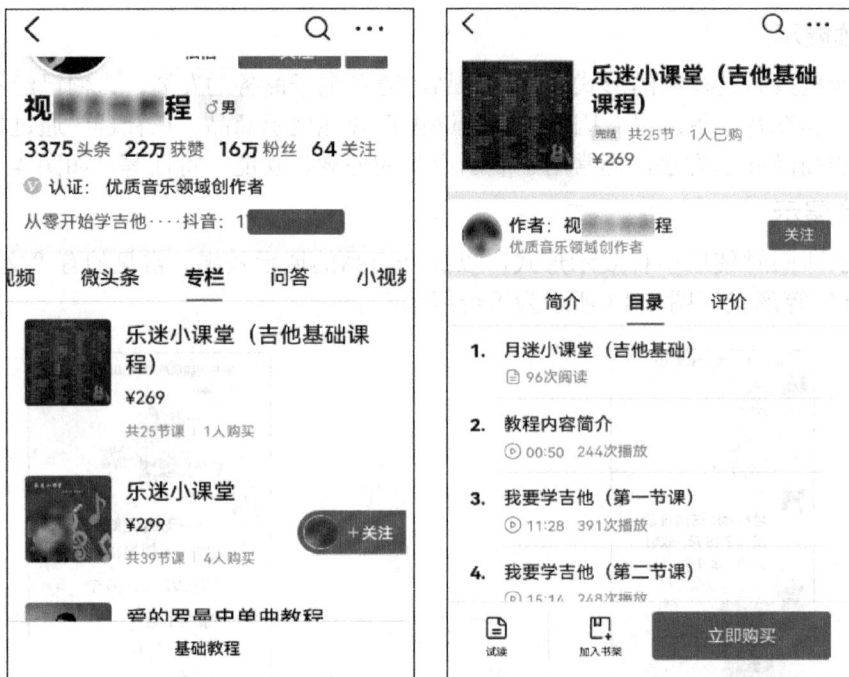

图4-14　视频付费课程

4.4.3　增值服务

增值服务是指社群为社群成员提供的基本服务之外的服务。增值服务是对基本服务的补充，用来满足社群成员额外的却非常重要的需求。通过社群日常运营，社群成员对社群建立信任感和归属感后，增值服务才能实现。

对社群来说，增值服务往往可以增加社群的利润。增值服务的切入点可以是社群成员的痛点，社群成员往往也希望得到增值服务。因此，对于低付费门槛的社群而言，社群成员可以根据自己的需求付费使用增值服务，增值服务可以作为此类社群的主要收入来源；而对于高付费门槛的社群而言，社群的增值服务有助于打造社群的良好口碑和增强品牌影响力，从而吸引更多的人加入社群。

例如，华远地产作为一家上市公司，这几年在全国布局的城市中，其社群运营得有声有色，逐渐成为公司的核心竞争力。华远地产于2016年从华远·海蓝城（西安）这一项目开始探索社群的运营，当时其没有确立短期的目标，而是摸着石头过河，是通过持续实践将社群做起来的。华远地产充分利用线上各种工具和平台，打造了Hi平台公众号、Hi转转小程序、Hi小店微店，以及微信小助手等各种工具和角色，从线上到线下，为社群用户提供种类多样的增值服务。

4.4.4　社群分销变现

社群分销就是社群打造自己的商品供应链，让社群成员在认可这些商品的基础上，成为商品的分销员。

社群分销变现的操作流程包括选择商品、设置分销等级、设置分销佣金、招募代理商、培训代理商。

1．选择商品

对商品的要求一是毛利高，二是使用频率要足够高。所选商品必须在价格、款式，或者消费群体上有代表性，符合社群的整体定位。所选商品需要具备可持续发展潜力，具有较高的复购率，有较大概率成为"爆款"。

2．设置分销等级

基于社群而设计的分销等级可以为一级分销或者二级分销。

一级分销即直接分销。只有当分销者将分销的商品分享给自己的朋友且朋友购买后，分销者才可以获得销售奖励。

二级分销兼具直接分销和间接分销的特点。首先，分销者将分销的商品分享给自己的朋友，朋友购买后，分销者可以获得销售奖励；其次，朋友再将商品分享给他的朋友，朋友的朋友购买后，分销者也可以获得销售奖励。

3．设置分销佣金

分销佣金即分销者将社群内的商品推荐给自己的朋友，朋友购买后，分销者能够获得的销售奖励。分销佣金一般有固定佣金和百分比佣金两种形式。相对而言，固定佣金适用于扩大用户群，能激励分销者去连接更多的朋友；而百分比佣金可以激励分销者去获得更多的分销订单。社群运营者可以根据自己的目标设置合理的分销佣金形式。

4. 招募代理商

招募代理商的方法有两种：一种是在各种新媒体平台进行大量的推广招商，另一种是利用社群课程的方式招代理商。招募代理商时可提供一定奖励，例如妇女节即将来临，前50名成为代理商的用户都有奖励等。

5. 培训代理商

把代理商聚在一起，不断地对他们进行培训，让其通过培训掌握营销技巧。

4.4.5 社群广告变现

社群广告变现就是通过在社群内发布广告的方式实现社群变现。一般来说有两种社群广告变现模式：一种是替合作方打广告，把社群当作广告发布渠道，收取广告费；另一种是代理商品，通过在社群内发布商品广告，收取佣金。图4-15所示为社群广告变现。

在社群内发布广告，要注意两点：一是严格把控商品质量，先试用再推广；二是注意推广频率，频率不能过高，以免对用户产生过度打扰。

广告比较适用于高度垂直的社群，例如育儿群。这类社群非常适合推广，而且回报率非常高。

采用社群广告变现方式时，千万不能一上来就开始投放广告，否则社群很可能被用户当作垃圾社群而过滤掉，只有在社群建立了良好的运营环境和实现了高度的用户匹配后才能进行广告投放。而这种变现方式的前期准备工作一般较多，需要的时间很多。

图4-15　社群广告变现

4.4.6 社群咨询变现

社群咨询变现是指社群运营者运用专业知识、技能、经验等，通过社群为个人或组织提供咨询服务或帮其解决问题。通常情况下，一次咨询费用可以达到数百元甚至更高。可以说，社群咨询变现是一种比较高效的变现方式。

比较热门的咨询类型有职业生涯咨询、法律咨询、高考志愿咨询、心理咨询、健康咨询、情感咨询等。其中，由于心理咨询更贴合用户心理，内容也更容易吸引用户关注，许多社群运营者通过抓住用户的心理痛点，为用户提供心理咨询服务。图4-16所示为学业规划咨询。

利用社群实现咨询变现，并不是在社群平台上为用户提供咨询服务，而是先用免费的内容吸引用户关注，获得用户的认可，再引导用户通过其他方式进行在线一对一的付费咨询。

基于这一逻辑，社群内容对于实现咨询变现就比较重要。社群运营者需要有某一领域的专业知识，可以就某一群体的共

图4-16　学业规划咨询

有痛点发表专业而独到的见解，向用户证明自己的专业能力，以吸引用户通过付费咨询来获得更加深入的剖析和解决方案。

技能实训——设置微信群二维码

建微信群之后，如果有新朋友要加入，其可以通过邀请加入，也可以通过扫描二维码加入，这里介绍的就是如何创建微信群二维码。

（1）打开一个群聊，点击界面右上角的"🧑"图标，如图 4-17 所示。

（2）打开"聊天信息"界面，往下拉，点击"群二维码"选项，如图 4-18 所示。

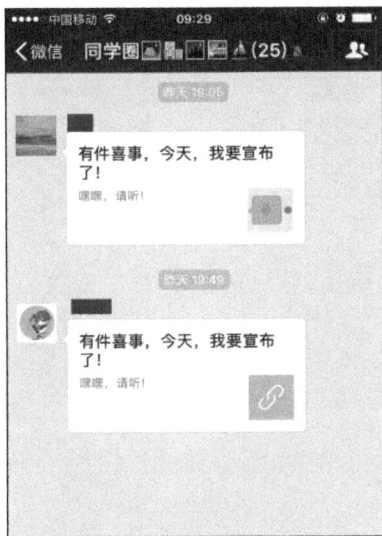

图4-17　点击"🧑"图标

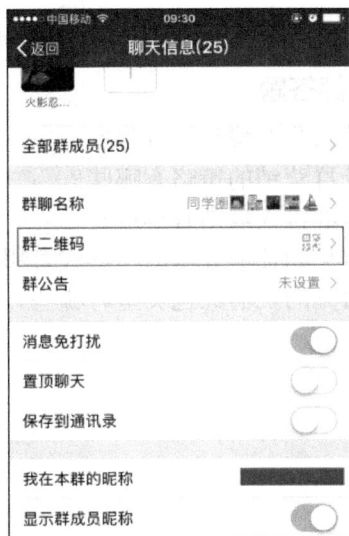

图4-18　点击"群二维码"选项

（3）打开"群二维码名片"界面，选择"保存图片"选项，即可将群二维码图片保存到手机相册里，点击右上角的"…"图标，如图 4-19 所示。

（4）可把群二维码图片发送给好友，如图 4-20 所示。好友扫描二维码即可进群。

图4-19　点击"…"图标

图4-20　发送给好友

75

思考与练习

一、填空题

1. _____ 就是基于群体相同或相似的兴趣爱好，通过某种载体聚集人气，通过商品或服务满足群体需求而产生的商业营销模式。

2. _____ 是非常重要的社群符号，是社群的第一标签。

3. 常见的社群规则包括 4 个方面：_____、_____、_____、_____。

4. 一般而言，一个合理的社群结构主要有以下几种角色：_____、_____、_____、_____、_____、_____。

5. _____ 是指社群为社群成员提供的基本服务之外的服务。

二、简答题

1. 什么是社群和社群营销？

2. 社群营销的策略有哪些？

3. 社群拉人规则有哪些？

4. 常见的社群分享活动形式有哪些？

5. 常见的社群红包类型有哪些？

第5章

短视频营销

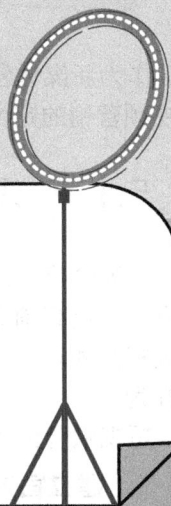

近年来，分享便捷的短视频越来越吸引互联网用户，成为新的营销风口。短视频营销之所以受到越来越多的关注，得益于我国短视频行业的用户规模近年来持续保持高速增长。企业对短视频人才的能力也有了更高的要求，以致拥有较强的短视频营销能力的人才变得极为抢手。

- 了解短视频营销的定义及方式
- 了解短视频营销的主流平台
- 熟悉短视频拍摄与制作流程
- 熟练地拍摄与制作抖音短视频
- 熟练地使用剪映进行短视频剪辑
- 遵守法律法规和公序良俗，不发布虚假宣传内容

5.1 短视频营销概述

作为新媒体营销的新兴方式，短视频营销获得了众多企业和用户的青睐。下面就来介绍短视频营销的定义及方式、短视频营销的主流平台、短视频营销的优势。

5.1.1 短视频营销的定义及方式

短视频营销是指通过短视频内容，向目标用户展示商品或服务的特点，吸引潜在用户的注意力，提高销量和品牌曝光度的一种营销方式。短视频的长度通常在 1 ~ 3 分钟。短视频通过视频和音频等多种手段，向用户传达企业的商品或服务信息，引导用户产生购买或预约等行为。

短视频营销的方式多种多样，以下为几种常见的方式。

1. 建立官方账号推广

企业和品牌方可以入驻短视频平台，建立自身的官方账号并做好内容运营和用户维系。企业和品牌方建立官方账号，一方面可以积累精准用户，为自身的短视频和直播营销带来基础流量，另一方面可以通过账号粉丝团、店铺商城等功能，实现更直接、更高效的转化。企业和品牌方可通过制作有趣、吸引人的短视频，来推广商品或品牌。这种方式能够在短时间内吸引用户的注意力，并激发他们对商品或品牌的兴趣，从而提高销量和品牌认知度。

2. 与达人合作

企业和品牌方可与短视频平台上的影响力用户或社交媒体达人进行合作，让他们在短视频中展示和推广商品。企业和品牌方借助他们的影响力和粉丝基础，能够更好地传播商品或品牌的信息，并吸引更多的潜在用户。

各个短视频平台都有很多综合类和垂直类达人，这些达人往往粉丝数量较多，且对应着某类特定的用户群体。企业和品牌方可以通过与达人合作，让达人出镜拍摄品牌营销短视频，借助达人的人气和热度为营销活动造势，吸引更多用户的注意力，为活动带来更多曝光。与达人合作有 3 种方式。

（1）将营销短视频发布在企业或品牌方自身的短视频账号上，@达人的账号，双方互动。

（2）将营销短视频发布在达人的账号上，借助达人的人气来带动传播。

（3）将营销短视频以信息流或者开屏广告的形式发布在短视频平台上。

3. 用户生成内容（UGC）

企业和品牌方可鼓励用户通过短视频分享自己使用商品的经验和感受，从而产生用户生成的内容。这种方式能够提高用户参与度，增强用户黏性，同时也能够传播商品或品牌的口碑，提高商品的销量。

4. 投放平台广告

企业和品牌方可以在短视频平台投放平台广告，广告的形式主要有 3 种：开屏广告、信息流广告和搜索栏广告。

5. 发起有奖活动

企业和品牌方还可以在短视频平台上发起有奖活动，吸引用户参与，从而实现更大的扩散效应，提高活动的热度，增强品牌的曝光量。

企业和品牌方要想吸引用户参与活动，一方面要设置轻松、无门槛的活动，另一方面要设置有吸引力的奖励，以实现更大范围的传播。

> **小提示** ❯❯❯❯❯❯❯ ▼
>
> 企业可以根据自身的需求和目标用户的特点选择合适的方式来进行短视频营销，从而有效地提高商品销量和品牌知名度。

5.1.2 短视频营销的主流平台

经过激烈的市场竞争，抖音和快手已经成为短视频营销行业的巨头。下面介绍几个主流的短视频营销平台：抖音、快手、微信视频号。

1. 抖音

抖音是一款可拍摄短视频的音乐创意短视频社交平台。在这个平台上，用户通过选择音乐、拍摄短视频来完成自己的作品。抖音还集成了镜头设置、特效添加、剪辑等功能，以尽量减少需要对短视频进行后期处理而导致的流量转移。抖音首页如图 5-1 所示。

抖音采用中心化的分发逻辑，给所有用户推荐短视频都是从小流量池开始的，接着选取流量较大的短视频，为其分配更大的流量池，最后把平台最优质的内容推荐到首页。这种基于内容质量的分发逻辑很容易产生头部效应，因为名人拥有大量的粉丝，他们创作的短视频质量也相对较好，所以最容易也最早被用户看到。

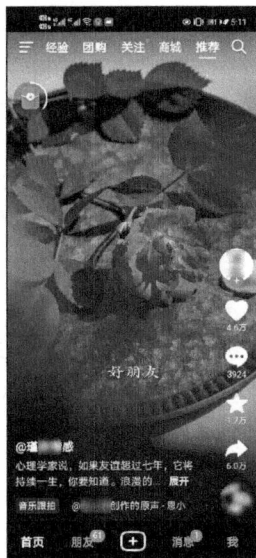

图5-1 抖音首页

2. 快手

快手最初是一款处理图片和视频的软件，后来转型为短视频社区。快手强调人人平等，是一个面向所有普通用户的平台。快手的定位为"记录世界记录你"，其开屏界面的文案是"拥抱每一种生活"。快手定位更普惠化，鼓励每一个用户都用快手记录和展示自己的生活。快手给予每个用户平等的曝光机会，因此在早期迅速获得了四线、五线城市和农村用户的青睐。近年来，快手通过一系列的运营和迭代，逐渐进行品牌升级，开始获得越来越多的一线、二线城市用户的青睐。快手首页如图 5-2 所示。

3. 微信视频号

微信视频号依靠微信强大的用户流量，已经逐渐发展成一个依托于微信社交生态的全新短视频平台。其具有私域流量优势明显、用户定位精准、转化率高等特点。相比而言，微信视频号的优势就在于和微信生态紧密相连，可以通过一系列手段实现"强

图5-2 快手首页

触达""长复利"。

微信视频号入口位于微信中"发现"界面"朋友圈"的下方，视频号主页包括"关注""朋友""推荐"3个板块，如图5-3所示。

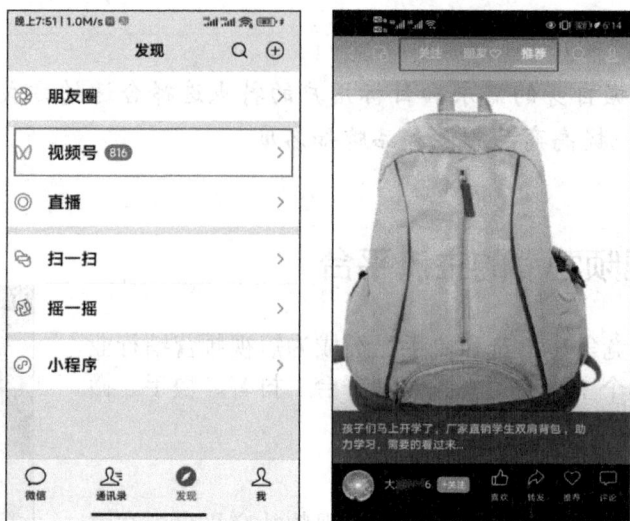

图5-3　视频号

在微信视频号，如果视频内容足够优质，并有大量的用户点赞和评论，甚至主动转发到朋友圈或微信群，那么该视频就有更大的概率得到算法的主动推荐，从而获得更大范围的传播。

> **小提示** >>>>>>
>
> 微信视频号还具有社交推荐属性。在微信视频号发布的作品可以通过朋友圈和微信群传播，借助社交网络让更多用户看到和关注。你在微信视频号发布的作品可能出现在微信好友的"个性化推荐"信息流里，即便这位好友并未关注你的视频号。

5.1.3　短视频营销的优势

不少企业已经意识到短视频营销是提高品牌知名度的最佳方式之一。因此，越来越多的企业开始使用短视频这种媒介形式开展市场营销活动。那么，短视频营销有哪些优势呢？

1. 大脑更喜欢短视频

研究数据表明，大脑处理视频的速度比处理纯文本的速度快很多倍。比起图片和文字，短视频的内容更具视觉冲击力，它将声音、动作、表情等融为一体，更容易让用户产生共鸣。因此，在生活节奏越来越快的当今社会，短视频这种碎片化的资讯获取方式和社交方式越来越受到人们的欢迎。

2. 能有效推广品牌

短视频可以轻松地推广品牌，向用户传递品牌和商品信息。短视频的内容多样化，可以是人，也可以是场景等，这使得用户对其中的商品广告的接受程度更高，从而愿意对商品广告进行二次传播。图5-4所示为利用抖音短视频推广品牌。

3．互动性强

短视频创作者可以和用户互动，用户可以点赞、评论、转发短视频。用户在评论区评论，短视频创作者可即时做出回答。当用户看到自己的评论被回复时，评论的积极性自然就提高了。

4．门槛低，制作简单

相较于传统长视频，短视频制作和传播的门槛大大降低，实现了制作简单化，短视频创作者甚至可以利用一部手机就完成短视频的拍摄、制作、上传与分享。目前主流的短视频App大多具有一键添加滤镜和特效等功能，且各种功能简单易学，使用门槛低。

5．富有创意，极具个性化

短视频的内容丰富，表现形式多样化，符合"90后"和"00后"个性化和多元化的审美需求。用户可以运用充满个性和创造力的制作和剪辑手法，创作出精美、有创意的短视频，以此来表达个人的想法和创意。

图5-4　利用抖音短视频推广品牌

6．观点鲜明，信息接受度高

在快节奏的生活方式下，大多数人在获取日常信息时习惯追求"短、平、快"的方式。短视频传播的信息观点鲜明、言简意赅，容易被用户理解与接受。

7．目标精准，营销效果好

与其他营销方式相比，短视频营销可以准确地找到目标用户，实现精准营销。短视频平台通常会设置搜索框，对搜索引擎进行优化，而用户一般会在平台上搜索关键词，这使得短视频营销更加精准。

5.2　短视频拍摄与制作流程

短视频拍摄与制作流程包括短视频选题与策划、短视频拍摄、短视频剪辑、短视频发布与短视频运营等步骤。

5.2.1　短视频选题与策划

拍摄短视频之前，短视频创作者要明确选题方向，做好策划。否则，短视频就难以吸引用户。选题与策划影响短视频内容的深度、广度、受欢迎程度，以及传播范围。选题与策划环节考验的是短视频创作者的创意表达能力，以及在热点、用户喜好等方面的敏锐度。

选题需要短视频创作者有足够的知识、创意积累，是一项需要投入精力且难度大的工作。优秀的选题通常新颖、有创意，独树一帜。

确定选题之后，短视频创作者就要策划短视频的具体内容。短视频主题风格的设定、内容环节的设计、时长的把控、脚本的编写等都需要在视频拍摄之前完成，同时这也是短视频创作的核心环节。

小提示 》》》》》 ▼

　　短视频创作者在策划短视频内容时，要充分发挥创造力和想象力，通过演绎故事、渲染情绪、借助热点等方式，引发用户共鸣，打造出有价值、有深度、传播力强的优质作品。

5.2.2　短视频拍摄

短视频创作者在拍摄前应注意准备好拍摄器材、相关道具，并布置好场景。短视频拍摄除了对画面构成、光影色彩、画面的清晰度等有一定的要求外，还对拍摄者的审美有一定要求。

短视频拍摄是一项实际操作重于理论知识的工作。下面介绍拍摄短视频时需要注意的一些基本事项。

1. 具备原创能力

现在很多短视频内容雷同，所以短视频创作者在拍摄短视频时要注重原创性，这样才能吸引更多用户。

2. 注意拍摄动作

短视频创作者在拍摄移动镜头时，上身动作要少，小碎步移动；镜头需要旋转时，要以整个上身为轴心，尽量不要通过移动双手关节来拍摄。

3. 注意画面要有一定的变化

短视频创作者在拍摄时应注意画面要有一定的变化，不要全程一个焦距、一个姿势，要通过推镜头、拉镜头、跟镜头、摇镜头等来使画面富有变化。例如进行定点人物拍摄时，短视频创作者要注意通过推镜头进行全景、中景、近景、特写的拍摄，以实现画面的切换，要不然画面会显得单调乏味。

5.2.3　短视频剪辑

短视频拍摄完成后，接下来就是剪辑工作了。在剪辑短视频时，剪辑师应注重合理搭配画面，以及合理使用特效和背景音乐。剪辑其实是一个二次创作的过程，这就意味着剪辑师不仅需要了解摄影师想要表达什么，还需要充分了解受众想看什么。好的剪辑师可以在剪辑短视频的过程中抓住受众的痛点，运用剪辑技巧在最短的时间内抓住受众的眼球。

虽然现在很多短视频平台都有编辑功能，但是利用这些编辑功能制作出的效果不如利用剪辑软件制作出的效果好。在 PC 端可以使用 PremierePro（Pr）软件剪辑短视频，在手机端可以使用剪映、快影、巧影等 App 剪辑短视频，这些手机剪辑软件的功能非常全面，也非常适合新手。

5.2.4　短视频发布

短视频制作完成后，短视频创作者需要将其发布到合适的平台上，以获得更多的曝光。在发布阶段，短视频创作者要做的工作主要包括选择合适的发布渠道、监控发布渠道的短视频数据和优化发布渠道。短视频创作者需要根据商品类型来确定投放时间及频次，把握好节奏。短视频创作者要熟知各个平台的推荐规则，同时还要积极寻求商业合作、互推合作等来拓宽短视频的曝光渠道，以增加流量。

5.2.5　短视频运营

短视频发布完成后，短视频创作者要想脱颖而出，还必须做好运营工作。短视频的运营不是一朝一夕的事情，短视频创作者只有做出合理的规划才能确保方向无误。要做好短视频运营，就必须明确目标受众，确定用户的需求，找到合适的短视频展现形式，并能够不断地找到优秀的选题。只有做好这些工作，短视频才能在较短的时间内打入新媒体营销市场，迅速地吸引受众，进而提高知名度。

> **小提示** >>>>>>> ▼
>
> 　　一个经过周密策划、精心拍摄、精良制作的优质作品，虽然具有很大的潜力，但是如果没有合适的发布渠道，也许只能达到播放量还不错的效果，而不能达到让网络上的人们争相观看和转发的效果。

5.3　拍摄与制作抖音短视频

抖音这一短视频 App 具备短视频拍摄功能，而且其自带的编辑功能也十分强大，能够让短视频创作者方便地拍摄和制作精彩的短视频。下面介绍拍摄与制作抖音短视频的方法，包括选取封面、添加背景音乐、添加文字、添加自动字幕等。

5.3.1　选取封面

短视频创作者应在短视频封面中将短视频的亮点和精华展示出来，让用户直接了解短视频的内容，吸引其点击观看。

在制作短视频封面时，需要注意3个方面：文字位置、文字设计、颜色搭配。

1. 文字位置

在资讯类和生活类的短视频中，封面的背景承担着营造氛围的重要作用。因此，在添加文字时要避开背景的主体区域，尽量在主体周围的非重要区域内添加文字。单行文字建议不超过10个字，信息过多容易造成画面杂乱，影响用户观感。

2. 文字设计

对于不同类型的短视频，短视频创作者在添加文字时需要设计不同的文字造型以贴合短视频风格。

3. 颜色搭配

不同的颜色可以表达不同的情绪。在制作短视频封面时，短视频创作者可以根据短视频内容选择合适的颜色进行制作，使背景与文字造型更加贴合短视频主题。

抖音在默认情况下将第一帧画面用作短视频的封面，短视频创作者可以结合短视频内容更改封面，具体操作步骤如下。

（1）打开抖音App的"草稿箱"界面，如图5-5所示，选择草稿箱中拍摄好的视频。
（2）进入视频编辑界面，点击"下一步"按钮，如图5-6所示。

图5-5 "草稿箱"界面

图5-6 点击"下一步"按钮

（3）进入视频发布界面，点击封面下方的"选封面"，如图5-7所示。
（4）选择作为封面的画面，然后点击"下一步"按钮，如图5-8所示。
（5）进入保存封面界面，点击"保存封面"按钮即可保存短视频封面，如图5-9所示。

图5-7 点击"选封面" 图5-8 设置封面 图5-9 点击"保存封面"按钮

5.3.2 添加背景音乐

要想让创作的短视频获得足够高的人气和热度，就要为其配上恰当的背景音乐。背景音乐具有强烈的表现力，可以迅速与短视频融合起来，增强短视频的表达效果。在抖音短视频中添加背景音乐的具体操作步骤如下。

（1）打开抖音 App，打开要添加背景音乐的短视频，点击"选择音乐"按钮，如图 5-10 所示。

（2）进入选择音乐界面，可以选择系统自动推荐的音乐，如图 5-11 所示。

图5-10 点击"选择音乐"按钮 图5-11 选择系统自动推荐的音乐

（3）也可以自由选择想要的音乐，如图 5-12 所示。

（4）点击"音量"，打开图 5-13 所示的界面，调整原声和配乐的音量大小。

图5-12　选择音乐

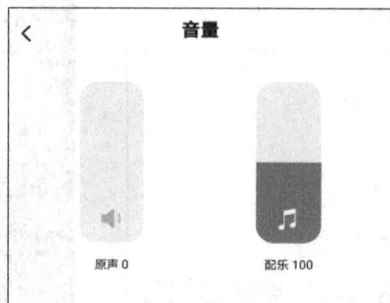

图5-13　"音量"界面

5.3.3　添加文字

在抖音中可以很方便地在短视频中添加文字，具体操作步骤如下。

（1）点击视频编辑界面右侧的"文字"按钮，如图 5-14 所示。

（2）输入所需的文字，并设置文字格式，然后点击"完成"，如图 5-15 所示。

图5-14　点击"文字"按钮

图5-15　输入文字并设置文字格式

（3）点击添加的文字，在弹出的菜单中选择"设置时长"选项，如图 5-16 所示。

（4）进入设置时长界面，调整文字出现的时间，然后点击▼图标即可，如图 5-17 所示。

图5-16 选择"设置时长"选项

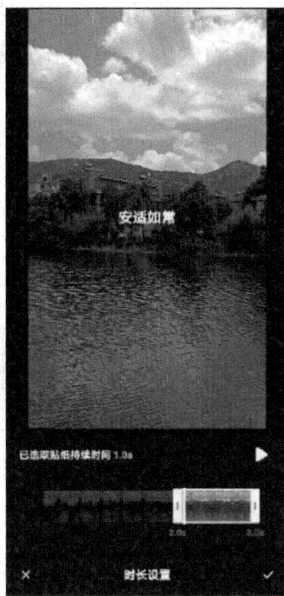

图5-17 设置时长

素质课堂

　　2021年8月,抖音平台发布公告,针对违规发布财经新闻、歪曲解读经济政策、充当"黑嘴"博人眼球、造谣传谣、敲诈勒索等行为开展专项整治行动,净化网络环境。专项整治行动将重点解决一些自媒体片面追逐商业利益,为吸引眼球炒作热点话题、违规采编发布互联网新闻信息、散播虚假信息等网络传播乱象。

　　抖音打击同质化文案博眼球视频,多次违规直接封号。抖音成立专项小组,通过优化模型策略、升级商品功能等手段,对发现的为了博取流量虚假捏造同质化文案、有组织联动违规账号等行为,进行从严处置,包括禁止投稿、禁言等。同时,为治理侵权等不当行为,抖音还上线了原创保护中心,为创作者提供更多维权服务。

　　部分用户为了博取流量、关注,在平台上利用同质化抄袭文案,发布不实信息。此类行为不仅破坏了平台健康的生态,还影响了优质的用户内容体验。互联网不是法外之地,短视频创作者也应严格遵守相关法律法规,依法策划、文明创作,共同维护良好的网络舆论生态。

5.3.4 添加自动字幕

　　在抖音中,视频中的人声可被自动识别为字幕,短视频创作者还可以根据需要对人声进行变调处理,具体操作方法如下。

　　(1)在抖音中上传视频并进入视频编辑界面,点击"自动字幕"按钮,如图5-18所示。

（2）此时，系统即可自动识别视频中的人声并生成字幕。查看字幕中是否有识别错误的内容，如有错误的内容，则点击✏图标，如图 5-19 所示。

图5-18 点击"自动字幕"按钮

图5-19 点击✏图标

（3）对字幕中识别错误的内容进行修改，确认字幕无误后点击✓图标，如图 5-20 所示。

（4）生成字幕后点击🅰图标，如图 5-21 所示。

图5-20 点击✓图标

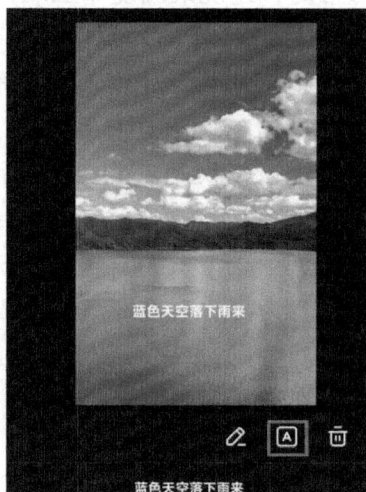

图5-21 点击🅰图标

（5）设置合适的字幕样式，如图 5-22 所示。

（6）在视频编辑界面右侧点击"变声"按钮，如图 5-23 所示。在打开的界面中选择所需的变声效果，如图 5-24 所示，即可应用该变声效果。

图5-22　设置字幕样式　　　　图5-23　点击"变声"按钮　　　　图5-24　选择变声效果

5.4　使用剪映剪辑短视频

剪映是一款视频编辑工具，用户使用剪映能够轻松地对短视频进行编辑。用户还可以通过剪映，直接将剪辑好的短视频发布至抖音，非常方便。

5.4.1　剪映介绍

剪映是抖音官方推出的一款手机视频编辑应用，带有全面的剪辑功能，支持视频变速，提供多种滤镜效果，并有丰富的曲库资源。剪映主要由"剪辑""剪同款""创作课堂""消息""我的"5个板块组成，如图5-25所示。下面简单介绍各板块及其功能。

图5-25　剪映的5个板块

1. 剪辑

在"剪辑"界面中，"一键成片"功能提供大量的特效模板供用户使用。"剪辑"界面还会显示本地草稿箱，剪辑草稿会自动保存在此处。点击"开始创作"按钮，可以挑选手机中已有的视频和图片素材进行短视频剪辑，点击"拍摄"按钮，可以直接拍摄新的视频或照片作为素材并进行短视频剪辑。剪映的"剪辑"界面如图5-26所示。

2. 剪同款

在"剪同款"界面中，剪映为用户提供了不同类型的短视频模板，如图5-27所示。在选择模板后，用户只需将自己的素材添加进模板，即可生成同款短视频。

3. 创作课堂

"创作课堂"是剪映专为创作者打造的一站式服务平台，其界面如图 5-28 所示，创作者可以根据自身需求选择不同的领域进行学习。"创作课堂"板块涉及脚本构思、拍摄、剪辑、调色、账号运营等多种主题，提供的海量课程可以满足不同阶段创作者的需求。

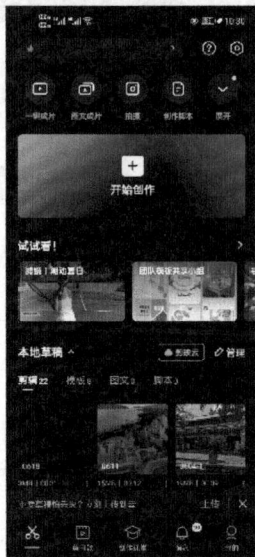

图5-26　"剪辑"界面　　　　图5-27　"剪同款"界面　　　　图5-28　"创作课堂"界面

4. 消息

剪映官方活动提示以及其他用户和创作者的互动提示都集合在"消息"界面中。在"消息"界面，点击拟查看消息后的"查看"按钮，即可查看消息的具体内容。在"消息"界面可以查看官方、评论、粉丝、点赞等消息，如图 5-29 所示。

5. 我的

"我的"对应用户的个人主页，如图 5-30 所示。用户可以在这里编辑个人资料、自己喜欢和收藏的视频，点击"抖音主页"按钮可以跳转至抖音界面。

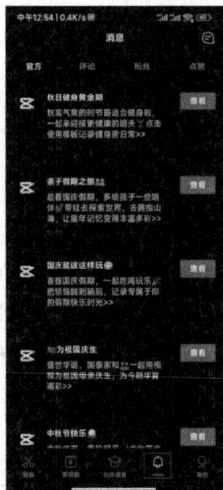

图5-29　"消息"界面　　　　　　图5-30　"我的"界面

🔍 5.4.2　添加贴纸

　　通过剪映给短视频添加贴纸，可以让短视频变得更有特色、更美观，让短视频的效果更好。用剪映给短视频添加贴纸的具体操作步骤如下。

　　（1）打开剪映，导入短视频，点击"贴纸"按钮，如图5-31所示。

　　（2）剪映提供了多类贴纸。点击🖼图标，如图5-32所示。

　　（3）在弹出的界面中选择想要添加的照片，如图5-33所示。

图5-31　点击"贴纸"按钮　　　　图5-32　点击🖼图标　　　　图5-33　选择照片

　　这样就将照片添加到短视频中作为贴纸了，如图5-34所示。

　　（4）缩放并移动照片，以达到最佳效果，如图5-35所示。

　　（5）点击剪映内置的贴纸，将其添加到短视频中，如图5-36所示。

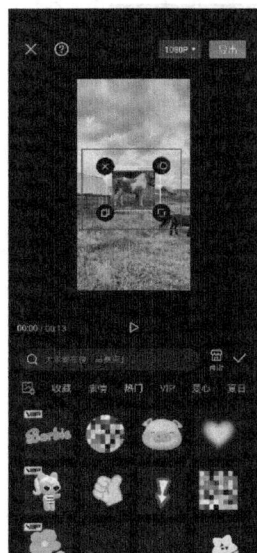

图5-34　添加贴纸　　　　　图5-35　缩放、移动照片　　　　图5-36　添加其他贴纸

5.4.3 添加字幕

添加字幕是短视频制作不可或缺的步骤之一，下面介绍使用剪映添加字幕的具体操作步骤。

（1）打开剪映，导入短视频，点击"文字"按钮，如图 5-37 所示。

（2）点击"新建文本"按钮，如图 5-38 所示。

（3）此时视频画面中会显示"输入正文"，如图 5-39 所示。

图5-37　点击"文字"按钮　　图5-38　点击"新建文本"按钮　　图5-39　显示"输入正文"

（4）输入文字，如图 5-40 所示。

（5）为输入的文字设置字体、样式等，如图 5-41 所示。

图5-40　输入文字　　　　　图5-41　设置字体、样式等

一些短视频字幕错误频出，很容易给青少年甚至全社会带来错误引导，扰乱网络生态秩序，影响短视频平台的高质量发展。

在短视频的制作、发布与管理中，用对、用好汉字，既是对语言文字的规范要求，也是对历史文化的守正传承。

5.4.4 调整短视频的播放速度

如果想将短视频的播放速度放慢或加快，应该怎么操作呢？使用剪映调整短视频播放速度的具体操作步骤如下。

（1）打开剪映，导入短视频，点击"剪辑"按钮，如图5-42所示。

（2）进入视频剪辑界面，点击"变速"按钮，如图5-43所示。

（3）以常规变速为例，点击"常规变速"按钮，如图5-44所示。

（4）进入图5-45所示的界面，左右拖动红色圆圈或直接点击播放倍速，即可调整视频的播放速度，调整后点击✓图标。

（5）如果想进行曲线变速，点击"曲线变速"按钮后，在图5-46所示的界面中选择需要的变速类型即可，调整后点击✓图标。

图5-42　点击"剪辑"按钮

图5-43　点击"变速"按钮

图5-44　点击"常规变速"按钮

图5-45　常规变速

图5-46　曲线变速

🔍 5.4.5 自动添加歌词

利用剪映剪辑短视频时，用键盘手动输入歌词不方便，那么怎样使用剪映自动添加歌词呢？具体操作步骤如下。

（1）打开剪映，导入短视频，点击"音频"按钮，如图 5-47 所示。

（2）点击"音乐"按钮，如图 5-48 所示。

（3）进入添加音乐界面，点击想要添加的音乐后的"使用"按钮，如图 5-49 所示。

图5-47　点击"音频"按钮　　　图5-48　点击"音乐"按钮　　　图5-49　选择想要添加的音乐

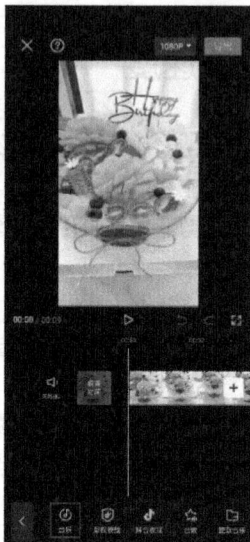

（4）成功添加音乐后，点击 ◄ 图标，如图 5-50 所示。

（5）点击"文字"按钮，如图 5-51 所示。

（6）点击"识别歌词"按钮，如图 5-52 所示。

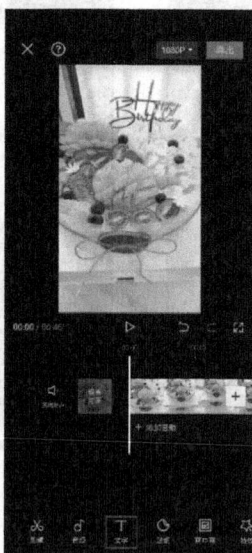

图5-50　点击 ◄ 图标　　　　图5-51　点击"文字"按钮　　　图5-52　点击"识别歌词"按钮

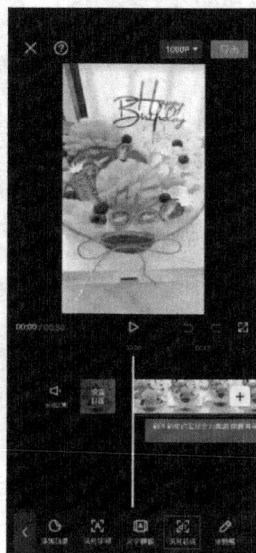

（7）点击"开始匹配"按钮，如图 5-53 所示。

（8）歌词识别成功后，就可以看到视频中已有自动生成的歌词，如图 5-54 所示。

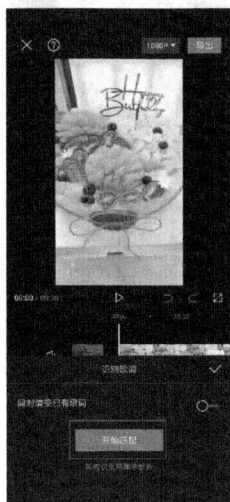

图5-53　点击"开始匹配"按钮

图5-54　自动生成的歌词

5.4.6　制作特效

为了能够进一步增强短视频的视觉效果，短视频创作者可以制作特效。由于每种特效的视觉效果不尽相同，短视频创作者可根据实际情况进行选择，具体操作步骤如下。

（1）打开剪映，导入短视频，点击"特效"按钮，如图 5-55 所示。

（2）在打开的界面中点击"画面特效"按钮，如图 5-56 所示。

（3）打开特效列表，在其中选择想要的特效，如图 5-57 所示。

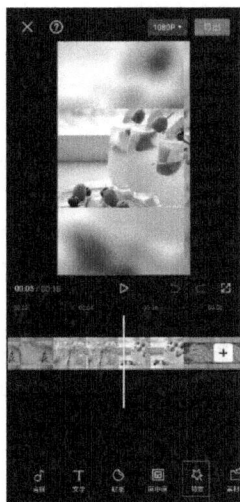

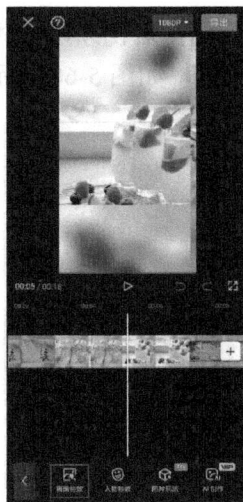

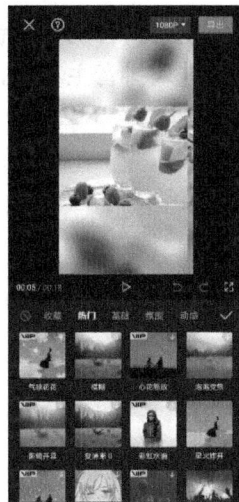

图5-55　点击"特效"按钮　　图5-56　点击"画面特效"按钮　　图5-57　特效列表

（4）这里切换至"氛围"选项卡，选择"彩带"特效，如图 5-58 所示。

（5）点击"调整参数"按钮，打开图 5-59 所示的界面，调整参数后发布已设置好的短视频。

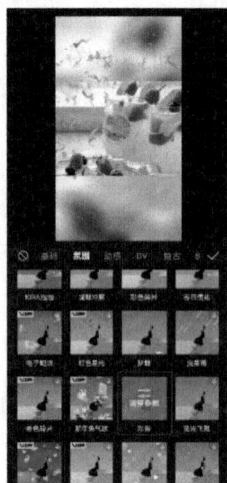

图5-58 选择"彩带"特效

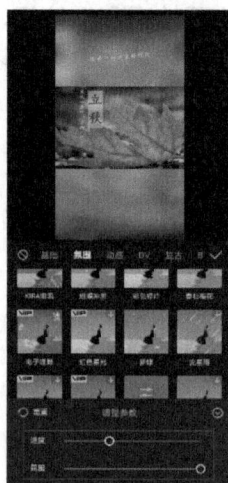

图5-59 调整参数

小提示 >>>>>>> ▼

剪映与抖音有很深的联系，两者可以实现内容上的互通。用户利用抖音账号登录剪映后，可以直接在剪映中使用在抖音账号中收藏的音乐，在剪映中剪辑完的视频也可同步至抖音，操作非常便捷。

技能实训——使用抖音的"一键成片"功能制作短视频

下面使用抖音的"一键成片"功能制作短视频，具体操作步骤如下。

（1）进入抖音主界面，点击 ⊕ 图标，如图 5-60 所示。

图5-60 点击 ⊕ 图标

（2）切换到相册后，选择多个需要发布的素材，点击"一键成片"按钮，如图 5-61 所示。

（3）界面提示视频在合成中，如图 5-62 所示。

图5-61　点击"一键成片"按钮

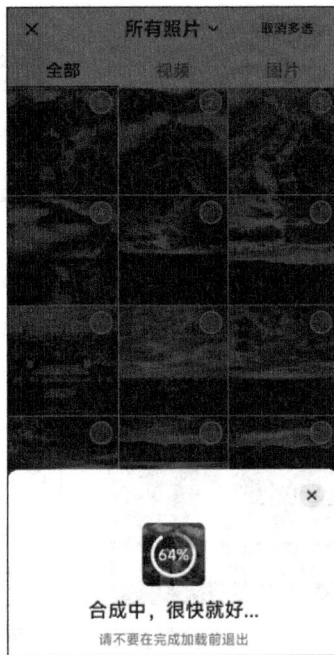

图5-62　提示视频在合成中

（4）系统会自动匹配合适的视频模板，如图 5-63 所示。如果想要更换模板，点击自己喜欢的模板，如图 5-64 所示。

（5）输入文字，并设置文字样式，如图 5-65 所示，点击"完成"按钮。

图5-63　自动匹配模板

图5-64　点击自己喜欢的模板

图5-65　输入文字并设置样式

（6）点击"下一步"按钮，如图 5-66 所示。

（7）进入视频发布界面，点击封面下方的"选封面"，如图 5-67 所示。

（8）选择要作为封面的画面，如图 5-68 所示，点击"下一步"按钮。

图5-66　点击"下一步"按钮　　　图5-67　点击"选封面"　　　图5-68　选择封面

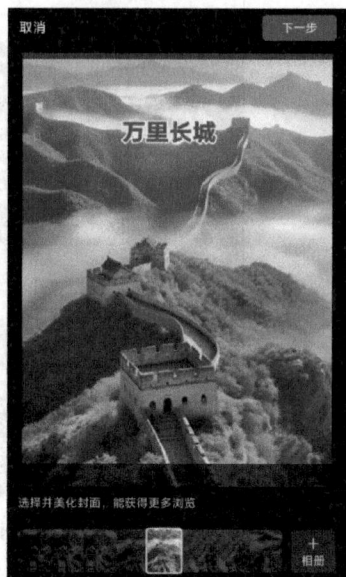

（9）进入保存封面界面，点击"保存封面"按钮即可保存短视频封面，如图 5-69 所示。选好封面后的效果如图 5-70 所示。

图5-69　点击"保存封面"按钮　　　　图5-70　选好封面后的效果

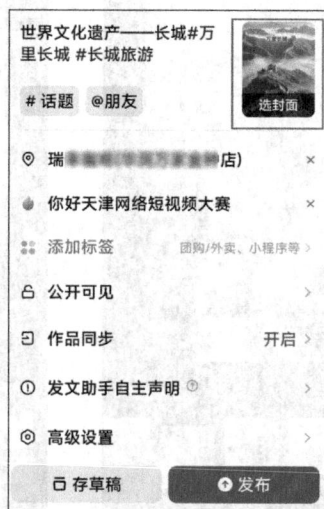

思考与练习

一、填空题

1. ＿＿＿＿＿＿＿＿＿＿是指通过短视频内容，向目标用户展示商品或服务的特点，吸引潜在用户的注意力，提高销量和品牌曝光度的一种营销方式。

2. 企业和品牌方可以在短视频平台投放平台广告，广告的形式主要有3种：＿＿＿＿＿＿＿＿＿＿、＿＿＿＿＿＿＿＿＿＿和＿＿＿＿＿＿＿＿＿＿。

3. 经过激烈的市场竞争，＿＿＿＿＿＿＿＿＿＿和＿＿＿＿＿＿＿＿＿＿已经成为短视频营销行业的巨头。

4. 在手机端可以使用＿＿＿＿＿＿＿＿＿＿、＿＿＿＿＿＿＿＿＿＿、＿＿＿＿＿＿＿＿＿＿等App剪辑短视频，这些手机剪辑软件的功能非常全面，也非常适合新手。

5. 在＿＿＿＿＿＿＿＿＿＿界面中，剪映为用户提供了不同类型的短视频模板。

二、简答题

1. 什么是短视频营销？短视频营销的方式有哪些？

2. 短视频营销的主流平台有哪些？

3. 短视频营销的优势有哪些？

4. 短视频拍摄与制作流程是怎样的？

5. 剪映有哪些板块？

第6章

直播营销

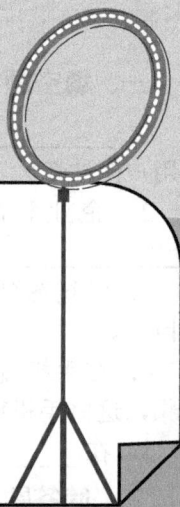

随着互联网行业的不断发展，直播营销逐渐成为主流的营销方式。直播平台门槛较低，企业可以利用直播平台进行商品宣传、展示线下活动，个人可以通过直播成为"带货"达人。本章将介绍直播营销方面的知识。

● 了解直播和直播营销
● 了解直播营销的优势和风险防范措施
● 熟悉直播营销流程
● 熟练掌握直播预热方法
● 熟练使用直播中营销方法
● 遵守网络主播行为规范

6.1　直播营销入门

直播营销已经深入千家万户，成为广大企业营销的利器。直播营销能够为用户提供更好的营销体验，并极大地提高商品销量，因此越来越多的企业和个人瞄准了直播营销这个风口。

6.1.1　认识直播和直播营销

传统意义上的直播是指与事件本身同步进行的广播、电视直接播出方式，如以电视或广播平台为载体的体育比赛直播、文艺活动直播、新闻事件直播等。随着互联网的发展，尤其是移动互联网的发展和智能手机的普及，基于互联网的直播形式出现了，即用户以某个直播平台为载体，利用摄像头记录某个事件的发生、发展进程，并在网络上实时呈现，其他用户在相应的直播平台上能直接观看并进行实时互动。

当前人们所说的直播，多数情况下是指基于互联网的直播。直播属于社交网络服务的一种，通过真实、生动的画面，营造出强烈的现场感，达成让人印象深刻、记忆持久的传播效果。相比其他的信息传播方式，直播的实时性、交互性、开放性更强，能够与各个行业结合，有助于主播迅速与用户建立强信任关系，形成粉丝社群；同时，直播也更加契合互联网移动化、碎片化的趋势，能够承载多种商业模式。

直播营销是指企业或个人以直播平台为载体进行营销活动，以达到提升品牌影响力和提高商品销量目的的一种营销活动。直播营销能够快速吸引用户的注意力，因此成为深受欢迎的商品营销手段。

6.1.2　直播营销的优势

直播营销受到越来越多企业的青睐，那么为什么直播营销会如此火爆？它究竟有哪些优势呢？

1. 现场直播更真实

直播可直接呈现事件的完整过程，信息来源更加真实、可靠。尤其是一些社会热点事件，通过现场直播，观众更容易明白事件的整个过程。直播的内容观众看得到、听得到，比传统的文字、图片信息的可信度更高。

直播营销跟图文介绍或视频宣传相比，能让用户产生场景代入感，具有更强的视觉冲击力。直播中真实可见的商品能够让用户更快地做出购买决策，用户不了解的很多商品功能，通过直播的方式能够直接有效地进行展示。

2. 内容观赏性强

在互联网时代，直播作为新的社交方式，由于融合了文字、语音、画面等多种表现形式，其内容观赏性更强，适宜人群更广，更有利于营销内容的传播。

3. 互动性、趣味性强

直播营销具有很强的互动性。不同直播平台即使定位不同、针对的人群不同、功能有所差异，但都是以社交功能为基础的。主播现场直播，用户在线观看；用户可以针对直播内容发表自己的观点、看法、评论，与主播或其他用户互动。直播营销也具有很强的趣味性。企业借助直播，可在输出有趣的内容的同时进行营销。

4. 传播范围广

直播营销之所以火爆，还在于直播平台是开放式的。直播平台的分享等功能，使分享者、被分享者之间形成了一个传播网络。用户在观看完直播之后，可将自己感兴趣的或者对自己有用的信息分享到自己的直播账号，或转发给第三方，从而扩大传播范围。

6.1.3 直播营销风险的防范

直播营销的风险是指在直播环境下，某种损失发生的可能性。直播营销具有群体效应和双向强互动的特点，这就使得直播营销的风险性相对以广播电视为代表的传统媒体更强。直播营销风险防范措施包括用户风险防范措施、主播风险防范措施、直播平台风险防范措施、商家风险防范措施。

1. 用户风险防范措施

当直播销售的商品确实存在质量问题时，用户可以遵循购前预防、理性购买和购后积极维权的原则，尽量将损失降到最低。用户风险防范具体包括以下措施。

（1）售前及时保留相关证据。用户在观看直播购物时，应及时保存相关证据，例如可采用截屏、录屏的方式保留主播承诺的文字或销售图片，包括商品价格折扣、弹幕留言等信息，产生纠纷时便于后续取证。

（2）减少冲动性购买。直播营销的价格折扣加上主播富有诱惑力的语言，让用户极易产生购买冲动。对此，用户在观看直播前，有必要拟定明确的消费目标，正确认识主播与商品之间的关系，加强对商品价格、质量等的全方位审核，做到理性消费。

（3）采取积极的维权方式。用户在收到商品，尤其是贵重商品后，应该及时查验商品并用恰当的方式保留拆封包装。若发现商品有质量问题，可及时与企业进行协商，同时申请平台介入处理；未协商一致的，可以结合自身具体情况，选择适当的法律法规作为维权依据。

2. 主播风险防范措施

直播的实时性是直播营销的最大风险来源之一。尽管在直播过程中，主播无法预测将面临的风险，但直播中出现的部分问题是可以通过事前准备来有效防范的。

（1）提前策划演练。在直播前需要进行活动筹划和准备，并对直播各环节的设置进行反复推演和模拟，防止直播时出现一些低级错误，如商品名称、品牌方、价格等错误。

（2）进行软硬件的排查与测试。为了达到最佳直播营销效果，主播团队需要在直播前对所有相关软硬件进行反复排查与测试。一方面，需要熟悉直播软硬件的使用与配合；另一方面，需要对网站、服务器进行反复测试，避免出现因流量太大服务器瘫痪的现象。

（3）严格选品与审核。直播行业已从注重"流量"转向注重"留量"，围绕"留量"和"商业变现效率"的竞争也已经开始。即使主播再有号召力，用户最终关心的还是商品质量，只有真正高性价比的商品才能提高变现效率。主播团队必须具备足够强的商品鉴别能力，在选品时严把商品品质关，了解商品的生产方式和供应链，参与测试并向用户真实反馈。

3. 直播平台风险防范措施

对直播平台而言，为了更好地强化风险管理，其应严格履行法律法规规定的相关平台义务。直播平台风险防范措施如下。

（1）打击品牌方与主播的虚假广告，加强对主播的监管，完善广告审核规则，对一些违法广告或推广信息要及时处理。

（2）严控品牌方资质审查，提高平台入驻门槛，加强对主播的培训与素质管理，培养专业主播；同时引入信用评价体系，进行监控管理。

（3）提高技术水平和支付工具安全性，与人工智能技术深度融合，借助高技术水平实现高转化率。平台可以利用语音技术实现主播在讲解商品的过程中商品的购物链接及时出现，优化用户体验，提高消费转化率。

（4）强化交易安全管理，严厉打击各类诱导交易、虚假交易、规避安全监管的私下交易行为。

（5）构建企业和用户的意见沟通渠道，完善纠纷解决办法与机制，及时回应并妥善处理用户的相关诉求。

4. 商家风险防范措施

商家等参与者在以直播形式向用户销售商品或提供服务的营销中需要做到以下几点。

（1）保证商品质量，完善售后服务体系。商家要聚焦售后商品的质量追踪、退换货、商品满意度评价，制定流程优化与制度优化的商品质量控制措施，甄别用户可能产生的售后问题，制定完善的售后服务体系。

（2）关注直播的销售情况，避免因库存不足而出现违约的情况。

（3）销售的商品或者提供的服务应当符合保障人身、财产安全的要求和环境保护的要求，不得销售或者提供法律、行政法规等禁止交易的商品或者服务。

（4）全面、真实、准确、及时地披露商品或者服务信息，保障用户的知情权和选择权，不得以虚构交易、编造用户评价等方式进行虚假或引人误解的商业宣传，欺骗、误导用户。

素质课堂 ⌄

依法纳税是每个公民应尽的义务，主播应该自觉缴纳税款。网络直播行业不是法外之地，不只是头部主播，每个取得收入、符合纳税标准的主播都应自觉依法纳税。主播依托直播平台，运用网络的交互性与传播力，对企业商品进行营销推广，往往会收获很多粉丝，具有一定的公众影响力，其一言一行已不只代表个人，也影响着其粉丝。主播在享受直播"带货"带来的红利的同时，应自觉承担起相应的社会责任，依法履行纳税义务。

6.1.4　直播营销流程

在开展直播营销之前，直播营销团队需要对直播营销流程进行规划和设计，以保障直播营销能够顺利进行，确保直播营销的有效性。直播营销流程如图6-1所示。

1. 明确直播目标

做任何事情都需要有目标，开展直播营销也不例外。在开展直播营销之前，必须明确直播目标是什么，如是做品牌宣传、为活动造势，还是销售商品。确定直播目标要从企业的实际出发，目标不要大而空，要具有确定性和可实现性，从而能让直播营销团队成员为共同的目标一起努力。在明确直播目标时，尽量让目标科学化、规范化。

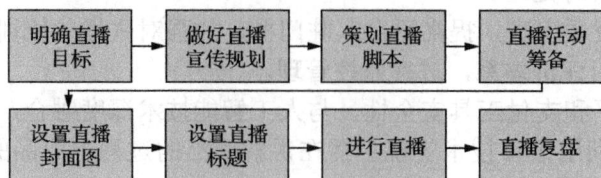

图6-1　直播营销流程

2. 做好直播宣传规划

为了收到良好的直播效果，在直播营销开始之前，企业应该根据自身擅长方向和领域以及所拥有的资源，来制订切实可行的直播宣传规划。与泛娱乐类直播不同，带有营销性质的直播追求的并不是简单的"在线观看人数"，而是"在线目标用户观看人数"。具体来说，直播营销团队制订直播宣传规划时，可以从选择合适的宣传平台、选择合适的宣传频率、选择合适的宣传形式3个方面入手。

例如，在微博平台上，直播营销团队可以采用"文字＋图片"的形式或"文字＋短视频"的形式来宣传直播；在微信群、微信朋友圈、微信公众号中，直播营销团队可以通过九宫格图、创意信息长图来宣传直播；在抖音、快手等平台上，直播营销团队可以通过短视频来宣传直播（见图6-2）。

图6-2　通过短视频来宣传直播

3. 策划直播脚本

一场直播通常会持续几个小时，在这几个小时里，主播先讲什么、什么时间互动、什么时间推荐商品、什么时间送福利等，都需要提前规划好。因此，直播营销团队需要提前策划好直播脚本。

直播脚本是对整场直播内容与流程的规划与安排，重点是规划直播中的玩法和直播节奏。直播脚本的内容一般包含直播主题、直播目标、主播介绍、直播时间、注意事项、人员安排、直播流程等。直播脚本的内容如表6-1所示。

表6-1 直播脚本的内容

直播脚本内容	具体说明
直播主题	从用户需求出发，明确直播的主题，避免直播内容没有营养
直播目标	明确直播的目标，如是积累用户、提高用户进店率，还是宣传等
主播介绍	介绍主播的名字、身份等
直播时间	明确直播开始、结束的时间
注意事项	说明直播中需要注意的事项
人员安排	明确参与直播人员的职责，例如： 主播负责引导关注、讲解商品、解释活动规则； 助理负责回答问题、发优惠信息等； 客服负责修改商品价格、与用户沟通转化订单等
直播流程	直播流程要非常具体，要详细说明开场预热、商品讲解、抽奖或发福利、用户互动、结束直播前送出小礼品、下一场直播预告等环节的具体内容。例如，什么时间讲解第一款商品、具体讲解多长时间，什么时间抽奖等。直播营销团队应尽可能把时间都规划好，并按照规划来执行

4. 直播活动筹备

为了确保直播的顺利进行，在开始直播之前，直播营销团队需要做好各项筹备工作。筹备一场成功的直播活动并不比做一场线下活动简单。直播活动筹备具体包括选择直播场地、调试直播设备、准备直播物料，以及主播自身准备等。

（1）选择直播场地。直播场地分为室外场地和室内场地。常见的室外场地有公园、广场、景区、游乐场、商品生产基地等，常见的室内场地有店铺、办公室、咖啡馆等。直播营销团队要根据直播活动的需要选择合适的直播场地，选定场地后要对场地进行适当的布置，为直播活动创造良好的环境。

（2）调试直播设备。在直播活动筹备阶段，直播营销团队要将直播需使用的摄像头、灯光设备、话筒等调试好，防止设备发生故障，以免影响直播活动的顺利进行。图6-3所示为直播设备。

图6-3 直播设备

（3）准备直播物料。直播之前，直播营销团队应该根据实际需要准备直播物料。直播物料包括商品样品、直播中需要用到的素材及辅助工具等。

（4）主播自身准备。在开播前，主播需要熟悉直播流程和商品的详细信息，这样才能在直播中为用户详细地讲解商品、回答用户提出的各种问题。此外，主播还要调整好自身状态，以积极的态度和饱满的热情来迎接直播间的用户。

5. 设置直播封面图

直播封面图是用户接触直播的第一环节，可用于建立直播间特色、吸引用户点击。一张好的封面图对于直播来说非常重要，图片比文字更具有冲击力，更能吸引人关注。图6-4所示为直播封面图。

图6-4 直播封面图

设置直播封面图有以下注意事项。

（1）直播封面图要符合平台的规范。对于违规的直播封面图，平台会禁止其在直播广场上展示。

（2）直播封面图要清晰、主体适中、主题明确、符合平台定位。

（3）直播封面图不要使用有色情倾向、侵权、与自然现象不符、与主题无关、过分修图、过暗、模糊、拉伸变形等的图片。

（4）直播封面图要给人干净整洁的印象，所以图片上尽量少加标题和图案。如果想展示一些卖点和促销信息，可以使用浮窗功能。

（5）直播封面图不宜用拼接图，使用拼接图违反了直播封面图大气、干净的原则。另外，加了边框的图片也不宜用作直播封面图。

（6）直播封面图不应添加联系方式、水印、表情包、商家 Logo（部分平台活动会要求用统一的 Logo）、二维码。

6. 设置直播标题

直播标题是决定直播间能否在第一时间吸引用户观看直播的重要因素。如果没有吸引人的标题，即使直播的内容很精彩，也难以吸引大量的用户观看直播。直播标题有以下几种。

（1）数字式标题。数字式标题是指在标题中呈现出具体的数字，通过数字的形式来概括相关的主题内容。数字式标题一方面可以利用数字引起用户注意，另一方面可以有效提高用户阅读标题的效率。数字代表的是精确、客观和专业，在标题中加入数字不仅能很快让用户对商品建立信任度，还能以有冲击力的方式迅速、准确地抓住用户的注意力。

> **小提示** 》》》》》》 ▼
>
> 数字式标题的撰写技巧如下。
> （1）从直播内容中提炼出数字式标题。
> （2）在标题中通过数字对比，设置冲突和悬念。
> （3）按照内容的逻辑结构撰写数字式标题。

（2）名人式标题。名人式标题利用名人（如权威专家、知名艺人）的影响力对直播的商品或服务进行营销推广，以达到快速销售商品的目的。这种类型的标题比较简单，一般含有名人的信息，如"某名人某月某日直播"。如果所宣传的事物或者商品和名人有联系，会吸引不少用户的关注。

> **小提示** 》》》》》》 ▼
>
> 需要注意的是，名人式标题应在名人已经授权的情况下使用。

（3）悬念式标题。悬念式标题是指在标题中设置悬念，吸引用户的注意力，让用户产生追根究底的心理，使其在寻求答案的过程中不自觉地对直播产生兴趣。

在标题中提出疑问能够为直播内容增加悬念，而这种悬念能够吸引用户关注直播。好奇是人的本能,悬念式标题就是利用了用户的好奇心,从而让用户在好奇心的驱使下进入直播间。

(4)热点式标题。热点式标题主要借助热门事件等,利用用户对社会热点的关注来引导他们进入直播间。热点包括世界杯、奥运会、热播电视剧等。

直播营销人员可以利用百度热搜榜、今日头条热榜等来关注热点,并在撰写直播标题时巧妙地借助这些热点。例如,2022年北京冬奥会,某商家直播标题中含有"2022年北京冬奥会国家队比赛新款运动服"。用户在选购商品时,看到与商品关联的热点事件,会体会到两者之间有共同点,从而产生好感。

(5)文化式标题。文化式标题将诗词、典故、方言、戏曲、谚语等文化元素融入直播标题中,以提升直播标题的文化内涵。具有文化底蕴的直播标题能吸引用户的关注。

7. 进行直播

前面的工作做好后,接下来就是正式进行直播了。成功地进行一场直播需要强有力的直播营销团队。直播可以进一步拆解为直播开场、直播过程和直播收尾3个环节,各个环节的操作要点如表6-2所示。

表6-2 直播各个环节的操作要点

环节	操作要点
直播开场	通过开场互动让用户了解本场直播的主题、内容等,从而让用户对本场直播产生兴趣并留在直播间
直播过程	借助营销话术、发红包、发优惠券、才艺表演等方式,进一步激发用户对本场直播的兴趣,让用户长时间停留并购买商品
直播收尾	向用户表示感谢,预告下场直播的内容,并引导用户关注直播间,将普通用户转化为忠实用户;引导用户在其他平台上分享本场直播或本场直播中推荐的商品

8. 直播复盘

直播复盘就是直播营销团队在直播结束后对直播进行回顾,评判直播效果,总结直播经验教训,为后续的直播提供参考。

做完直播之后,直播营销团队要对直播进行全面而及时的复盘。通过直播营销数据和用户反馈,直播营销团队可对直播活动进行准确、客观的总结,并形成直播效果评估结果和改进方案,为下一次直播提供数据和案例参考。直播复盘包括直播数据分析和直播经验总结两个部分。

直播数据分析主要是利用直播中形成的客观数据对直播进行复盘,体现的是直播的客观效果。获取数据的方式与渠道多种多样,如直播平台提供的后台数据分析功能,以及第三方数据分析工具,如飞瓜数据、蝉妈妈、达多多等。例如,利用达多多分析某直播间在线流量,包括在线人数、进场人数、累计观看人次等,如图6-5所示。

直播经验总结主要是从主观层面对直播过程进行分析与总结,分析的内容包括直播流程设计、团队协作效率、主播现场表现等。直播营销团队通过自我总结、团队讨论等方式对无法通过客观数据表现的内容进行分析,并将其整理成经验手册,可为后续开展直播提供有效的参考。

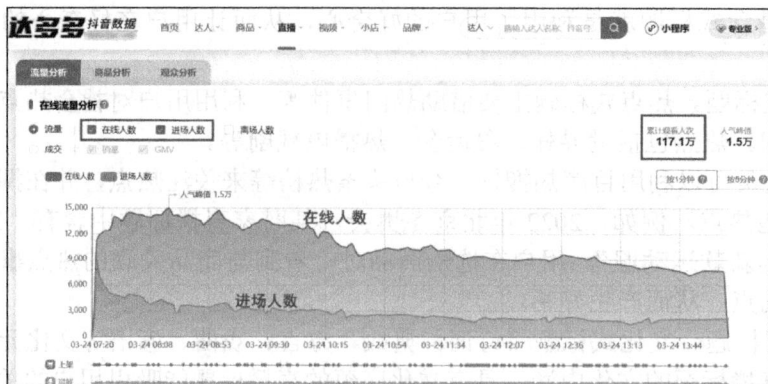

图6-5　在线流量

6.2　直播预热

直播预热能够让更多用户了解直播信息，也能为直播营销营造良好的氛围，激发用户的购物热情。常见的直播预热渠道有直播平台私域场景、电商平台、社交平台、企业官方网站及线下实体店等。

6.2.1　直播平台私域场景

对于抖音、快手等直播平台来说，商家可以利用的私域场景主要是账号名称、账号简介、粉丝群等。

商家在直播之前可以更新直播账号名称和账号简介，如在账号名称中加括号备注直播信息，在账号简介中以文案的形式说明直播时间，如"每天 9：00 和 13：30 开始直播"。图 6-6 所示为在账号简介中说明直播时间。

商家也可以创建自己的粉丝群，并将加入粉丝群的方式直接展示在自己的主页中，用户加入粉丝群后，商家可以在粉丝群里公告直播信息。图 6-7 所示为在粉丝群里公告直播信息。

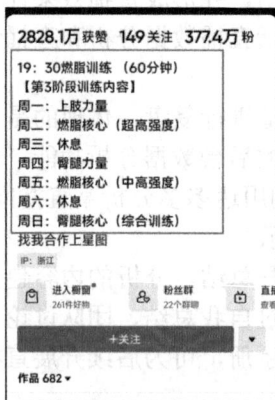

图6-6　在账号简介中说明直播时间

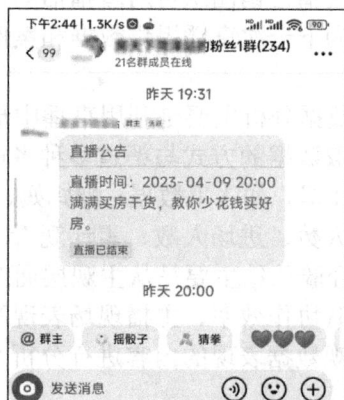

图6-7　在粉丝群里公告直播信息

6.2.2 电商平台

电商平台是连接商家和用户的重要渠道，因此商家可以通过电商平台进行直播预热。以淘宝平台为例，商家通过淘宝平台进行直播预热的优势是十分明显的。

淘宝平台的首页有直达淘宝直播的入口，商家可以将自己的直播预告发布在淘宝平台上。但是，淘宝平台上的直播信息众多，要想引起用户的注意，商家就要在设计直播预告时多花一些心思。

商家在设计直播预告时，要确保直播预告能够迅速吸引用户的目光。商家可以通过图文和视频结合的方式讲明直播的重点内容，同时还要为直播预告确定一个吸睛的标题。因为吸睛的标题能够让更多用户关注商家的直播。图 6-8 所示为淘宝平台直播预热。

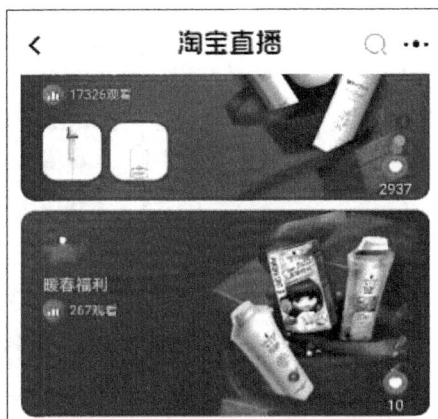

图6-8 淘宝平台直播预热

同时，淘宝平台的直播激励机制对商家而言是十分友好的。当商家制作的直播预告内容足够优质时，淘宝平台会将商家的直播预告内容放在直播广场显眼的地方，以让更多用户看到。

在其他电商平台进行直播预热也是如此，电商平台的用户优势、直播激励机制等都会为商家进行直播预热提供支持。因此，商家一定要重视电商平台的作用，借助电商平台的力量做好直播预热。

6.2.3 社交平台

随着移动互联网的快速发展，人们与各种社交平台的联系越来越紧密。人们会用 QQ、微信等平台来工作，用微博、豆瓣等平台来了解时事、发表看法等，很多人都把闲暇时间贡献给了各种社交平台。商家要抓住这一点，在社交平台上进行直播预热。

1. 通过微信发布直播预告

商家在微信上可以通过多种方式来发布直播预告。第一，商家可以通过朋友圈宣传直播时间和福利，并设置转发福利。例如，"转发此条信息至朋友圈，可凭截图领取 5 元代金券"，这样便可以激励用户转发直播预告，实现直播预热。图 6-9 所示为在朋友圈预告直播时间和福利。第二，商家可以通过微信公众号发布直播预告，同时插入贴图或海报，说明直播的时间和主题。图 6-10 所示为通过微信公众号发布直播预告。商家还可以将直播间的直达链接添加在微信公众号发布的内容中，让用户能够便捷地进入直播间。

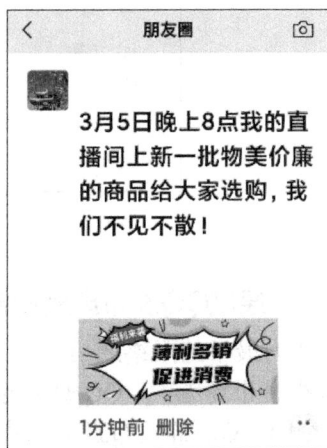

图6-9 在朋友圈预告直播时间和福利

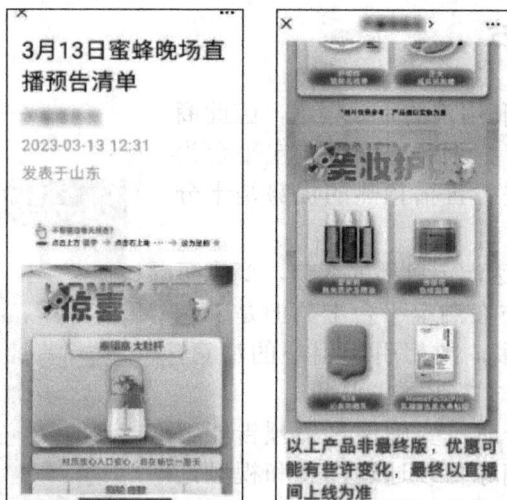

图6-10　通过微信公众号发布直播预告

2. 通过微博发布直播预告

除了微信，商家也可以在微博上发布直播预告。一些知名主播就经常在微博上进行直播预热，告诉粉丝具体的直播时间和直播内容。

微博上的新闻热点层出不穷，为了让更多人看到直播预告，商家可以通过转发抽奖的方式来引导用户转发微博。

例如，商家可以设置"关注＋转评赞，抽3人分别送……"的抽奖活动。图6-11所示为在微博发布直播预告。抽奖活动可以充分调动用户转发微博的积极性。商家积极引导用户转发直播预告，可以增加直播预告的曝光度，进而在正式直播时获得更多关注。

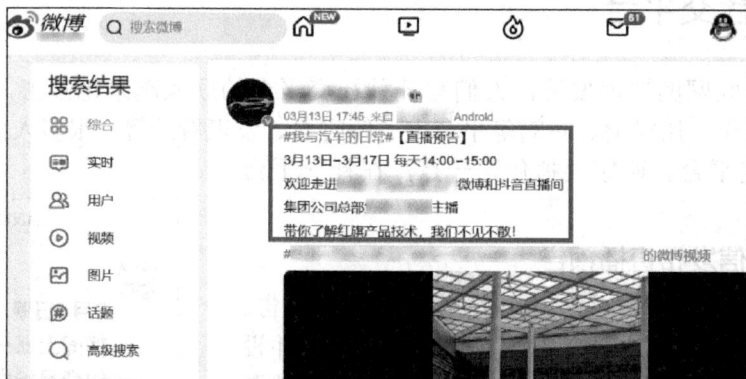

图6-11　在微博发布直播预告

3. 通过QQ发布直播预告

作为最早的网络通信平台之一，QQ拥有强大的资源优势和深厚的底蕴，利用QQ引流，限制少且市场庞大。QQ是商家必须巩固的引流阵地。商家可通过QQ签名、QQ头像和昵称、QQ空间、QQ群发布直播预告。

4. 通过论坛发布直播预告

论坛是最早出现的在线社区之一，用户很多且活跃度较高，推广潜力很大。但是利用论坛进行直播预热并不是简单地发帖，而是要通过发帖引起广泛讨论，然后采用一些引导手段，将用户吸引到指定的直播账号。利用论坛进行直播预热，最重要的就是找准热门论坛，然后投放直播预告。例如虎扑社区、百度贴吧等都是当下热门论坛的代表。

6.2.4 企业官方网站

企业官方网站拥有新闻发布、口碑营销、商品展示等功能，是企业面向社会的重要窗口。因此，主播和企业合作推销商品时，可以利用企业的官方网站进行直播预热。

有些用户并不关注直播，但是他们会通过企业官方网站关注自己心仪的商品。通过企业官方网站进行直播预热，能够吸引这些关注该企业的用户前来观看直播。

例如，某主播与某手机品牌达成合作，以首席体验官的身份体验并推销该品牌的新款手机。在直播之前，为了吸引更多用户来观看直播，该主播在该手机品牌官方网站上发布了直播预告。一些以前不关注直播，但是关注该手机品牌的用户通过该手机品牌官方网站上的直播预告了解到新款手机的直播信息，就在直播当天进入主播的直播间购买手机。也就是说，这位主播通过在该手机品牌官方网站上发布直播预告的方式吸引了更多用户的关注。

6.2.5 线下实体店

商家拥有线下实体店或者与拥有线下实体店的品牌商合作时，可以把直播预告投放到线下实体店中。

许多习惯于在线下实体店购物的用户或许没有接触过直播，但其对该品牌的商品是有需求的，他们极有可能成为商家直播间的粉丝。因此，商家要吸引这部分用户关注自己的直播。在利用线下实体店为直播做宣传时，商家可以从店内宣传和店外展板两方面入手。

1. 店内宣传

商家可以在店内宣传自己的直播。商家可以把直播预告内容做成传单，发放给用户。对于追求实惠的用户而言，他们在知道价格更加优惠后，可能会按捺不住好奇心去观看直播。

2. 店外展板

商家可以在实体店的店外设置包含直播预告信息的展板。在设计展板时，商家需要注意将直播的重点内容写在展板上，让用户在看到展板的第一眼时就能看到与直播相关的重点内容，如直播平台、直播账号、直播时间及直播中的惊喜福利等。

商家把展板设置在店外，来店中购物或者路过的人都可能会因看到展板，而对商家的直播内容产生好奇，进而进入直播间观看。

6.3 直播中营销

为了提高商品的销量，直播营销人员要以满足用户需求为中心，在直播中开展各种营销推广活动。直播中的营销推广策略有很多，包括派发红包、开展抽奖活动、发放优惠券、赠品促销、预售促销等。

主播要遵守直播行为规范，凡事要把握好度，不能张口即来。如果主播在说话时经常夸大其词、语不择人、词不达意，就会引发用户反感。因此，主播要避开争议性词语、敏感性话题，以文明、礼貌为前提，让表达的信息既能够直击用户内心，又能够营造融洽的直播间氛围。

主播要在传播科学文化知识、丰富精神文化生活、促进经济社会发展等方面，肩负重要职责，发挥重要作用。主播应当自觉摒弃低俗、庸俗、媚俗等低级趣味，自觉反对流量至上、畸形审美、"饭圈"乱象、拜金主义等不良现象，自觉抵制违反法律法规、有损网络文明、有悖网络道德、有害网络和谐的行为。

6.3.1 派发红包

一场好的直播离不开主播与用户之间的互动，用户越活跃，直播效果才会越好。派发红包是直播间比较常见的一种营销策略。在直播期间，向用户派发红包的操作方法如表6-3所示。

表6-3 派发红包的操作方法

派发红包的步骤	具体做法
约定时间	主播提前告诉用户，5分钟或10分钟以后准时派发红包，并引导用户邀请朋友进入直播间领红包，这样不仅可以活跃气氛，还会提高直播间的流量
派发红包	到达约定的时间后，主播或助理就要在平台上发红包，为了提醒用户、营造热闹的氛围，主播应在发红包之前进行倒计时

对于新主播来说，前期粉丝数量很少，可以采用派发红包的方式来提升直播间的人气，派发红包如图6-12所示。派发红包要在介绍完商品，并等待用户输入指定内容、下订单以后进行。主播可以这样说："好了，现在又进入我们的发红包环节了，主播马上就要派发红包了！"主播可以进行倒计时，让用户做好准备，并在派发完红包后展示领红包的人数。

6.3.2 开展抽奖活动

抽奖活动是主播与直播间用户互动、拉新涨粉的利器，不但能够活跃直播间氛围，提高直播流量，还能通过用户拉新助力的方式产生裂变、促进涨粉，增加用户的直播间停留时长。同时，用户参与抽奖活动可以帮助直播间提高转化率。

主播通过抽奖活动来吸引用户观看直播，可以大幅增强用户黏性。用户有追求实惠的心理，抽奖活动则能够带给用户直接的实惠。在观看直播的过程中，用户追求实惠的心理得到了满足，自然会关注主播的直播间，因此，主播就会获得更多粉丝。图6-13所示为直播间抽奖活动。

图6-12　派发红包

图6-13　直播间抽奖活动

6.3.3　发放优惠券

优惠券是虚拟电子现金券，在直播间购买商品时，用户可以使用其抵扣现金。发放优惠券的营销策略具有较强的灵活性，优惠券的面额、发放对象及发放数量由商家决定。

发放优惠券的成本很低，并且发放对象多是直播间里的用户，能实现精准投放。发放优惠券可以加强用户与商家的互动，同时能够强化直播的变现能力。如果用户对商家推销的商品比较满意，那么此时商家向其发放优惠券就能够有效刺激用户将消费想法转化为行动，从而产生消费行为。

商家在发放优惠券时要设置一定的规则，如优惠券不兑现、有明确的使用期限、过期不补等。从福利营销的角度看，发放优惠券是为了吸引更多用户下单，增加直播间的销售额。为了更好地发挥优惠券的促销作用，商家在发放优惠券时要注意以下问题。

（1）商家为忠实的粉丝发放优惠券，能够有效地刺激他们消费。商家可以为忠实粉丝开设专场直播，这时直播的商品品类应比较丰富，商家可以为忠实粉丝介绍直播间的新款商品、经典类商品、折扣商品等。在这样的专场直播中发放优惠券能够激发忠实粉丝的购物热情，充分发挥优惠券的促销作用。

（2）创建定向的优惠券。定向优惠券在用户关注商家以后才可以领取，商家发放这种优惠券可以将对商品感兴趣的用户转化为粉丝，增加直播间的粉丝数量。图6-14所示为关注商家以后才可以领取的定向优惠券。

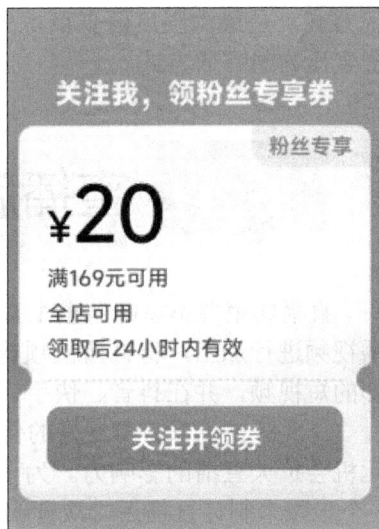

图6-14　定向优惠券

6.3.4 赠品促销

赠品促销就是用户在购物满一定额度时，商家以送赠品的形式向用户提供优惠，以吸引其购买某商品。赠品促销是常用的营销策略，其把商品作为赠品送给用户，以实物的方式给用户优惠。图 6-15 所示为赠品促销。

商家可以标明赠品的价格，也可以不标明。例如，商家可以标明"满 399 元赠精美饰品一件"。这件饰品只用"精美"加以描述，不涉及其价格。

在开展赠品促销活动时，在赠品的选择、宣传渠道等方面，商家都要制定详细的方案。只有保证赠品促销活动各环节的工作顺利开展，才能够更好地发挥赠品促销活动的效果。

图6-15　赠品促销

6.3.5 预售促销

所谓预售促销是用户需在商品上市之前付费，当预售达到一定数量或其他条件后商家才发货。预售商品是商家提供一个商品或者服务方案，通过直播平台聚集用户订单，按照事先约定将商品或服务提供给用户的一种销售模式。图 6-16 所示为预售促销。

越来越多的商家开始采用预售促销，尤其是在各大节日的时候，各大平台加大活动力度，为了促进消费造大声势。预售促销本质上是零库存模式的具体呈现方式，是最大限度降低商家的库存管理成本、降低资金压力的有效方式。

图6-16　预售促销

6.4　直播后二次营销

直播结束并不意味着整个直播营销工作的结束。在直播结束后，直播营销团队可以对直播视频进行加工，将直播视频剪辑成有趣画面合集、直播干货等，放入推广软文中或做成精彩的短视频，并在抖音、快手、微信、微博等平台上进行二次营销。

二次营销可以获得良好的传播效果，使更多没有及时观看直播的人了解活动，也可以借此机会扩大直播的影响力。为了保证直播后二次营销的有效性，直播营销团队可以按照以下3 个步骤来制订直播后二次营销计划。

1. 明确目标

制订直播后二次营销计划，首先应明确计划要实现的目标，如提高品牌知名度、提高品牌美誉度、提高商品销量等。需要注意的是，直播后二次营销计划要实现的目标并不是孤立的，而应当与企业制定的整体直播营销目标相匹配。

2. 选择传播形式

明确目标以后，直播营销团队要选择合适的传播形式进行直播后二次营销。目前常见的传播形式有视频传播、软文传播两种。直播营销团队可以选择一种传播形式，也可以将两种传播形式组合使用。

3. 选择推广平台

确定了传播形式以后，直播营销团队要将制作好的信息发布到合适的平台上。如果是视频形式的信息，可以选择发布到抖音、快手、爱奇艺、微博等平台上；如果是软文形式的信息，可以选择发布到微信公众号、小程序、知乎、百家号等平台上。选择合适的推广平台很重要，制定合理的推广周期也十分重要。

技能实训——开通淘宝直播权限

淘宝商家可以下载淘宝主播 App，开通淘宝直播权限，具体操作方法如下。

（1）下载并登录淘宝主播 App，进入首页，点击"立即入驻，即可开启直播"按钮，如图 6-17 所示。

（2）在打开的界面中点击"去认证"按钮，如图 6-18 所示。

（3）打开"实人认证服务"界面，选中"我已同意实人认证服务通用规则"单选按钮，点击"开始认证"按钮，如图 6-19 所示。

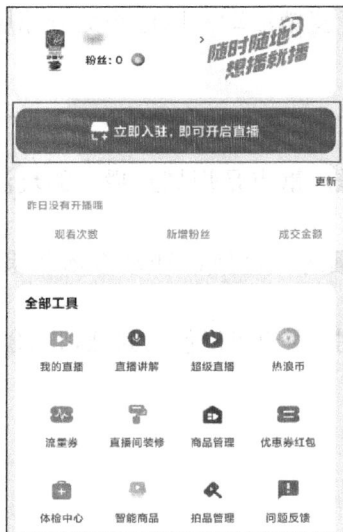

图6-17 点击"立即入驻，即可
开启直播"按钮

图6-18 点击"去认证"按钮

图6-19 点击"开始认证"按钮

（4）通过人脸识别进行实人认证，选中"同意以下协议"单选按钮，点击"完成"按钮，如图 6-20 所示。

（5）主播入驻成功，如图 6-21 所示，开通权限后即可进行淘宝直播。

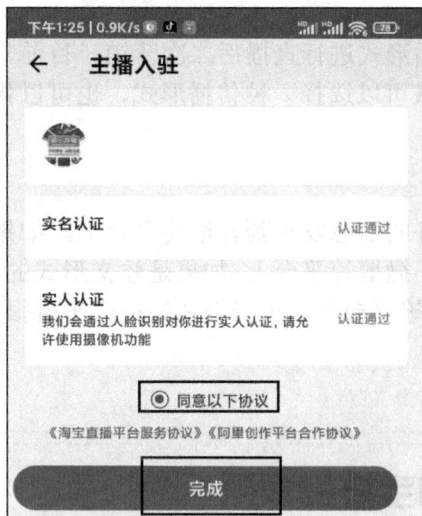

图6-20　点击"完成"按钮

图6-21　主播入驻成功

思考与练习

一、填空题

1. _____ 是指企业或个人以直播平台为载体进行营销活动，以达到提升品牌影响力和提高商品销量目的的一种营销活动。

2. 直播营销风险防范措施包括 _____、_____、_____、_____。

3. _____ 是对整场直播内容与流程的规划与安排，重点是规划直播中的玩法和直播节奏。

4. _____ 就是直播营销团队在直播结束后对直播进行回顾，评判直播效果，总结直播经验教训，为后续的直播提供参考。

5. _____ 是虚拟电子现金券，在直播间购买商品时，用户可以使用其抵扣现金。

二、简答题

1. 什么是直播和直播营销？
2. 直播营销的优势有哪些？
3. 怎样做好直播宣传规划？
4. 如何做好直播活动筹备？
5. 怎样才能写出吸引人的直播标题？

第7章

H5营销

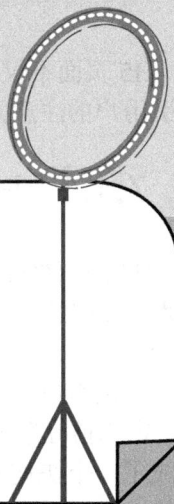

互联网技术的快速发展带动了 H5 技术的广泛应用。H5 营销是目前比较火爆的一种新媒体营销方式，本质上就是将营销活动的内容制作成 H5 页面并发布。由于 H5 页面具有强大的展示效果以及互动功能，因此 H5 营销深受广大企业的喜爱。

- 了解 H5 营销的概念
- 了解 H5 的类型
- 熟悉 H5 营销成功传播的基础
- 熟练掌握 H5 营销的内容制作
- 熟练掌握 H5 营销的推广
- 具备 H5 营销与 H5 页面设计制作能力
- 树立中国风的设计意识

7.1 H5营销的基础知识

H5 页面不仅可以实现传统网页广告的展示效果，还可以凭借互动性、社交性强等优势，吸引用户的注意力，提升营销效果。

7.1.1 H5营销的概念

H5 是 HTML5 的简称，是一种用于制作网页的标准计算机语言。H5 营销是指利用 H5 技术，在网页上融入文字特效、音频、视频、图表等各种媒体表现方式，突出品牌核心观点，展示商品、活动信息的营销方式。H5 营销可以使网页更加适合阅读、展示、互动，方便用户体验及用户与用户之间的分享。图 7-1 所示为 H5 抽奖营销。

在当前互联网信息爆炸的时代，传统的营销方式已经无法满足企业的需求，而 H5 营销则成了一个快速有效的解决方案。利用 H5 营销，企业可以通过精心设计的互动内容吸引用户的关注，提高用户的参与度，从而达到促进品牌宣传和商品销售的目的。

H5 页面可以融入图片、视频、音频等丰富的多媒体元素，通过视觉和听觉的刺激，吸引用户的注意力，激发他们对内容的兴趣。同时，其可视化的效果也可以帮助品牌更生动地展现商品或服务的特点和优势，提升用户对品牌的认知和好感度。

与传统的营销方式相比，H5 营销可以将信息更快速、更广泛地传播给目标用户，同时也可以通过用户的分享和传播形成自传播效应，进一步扩大品牌影响力。

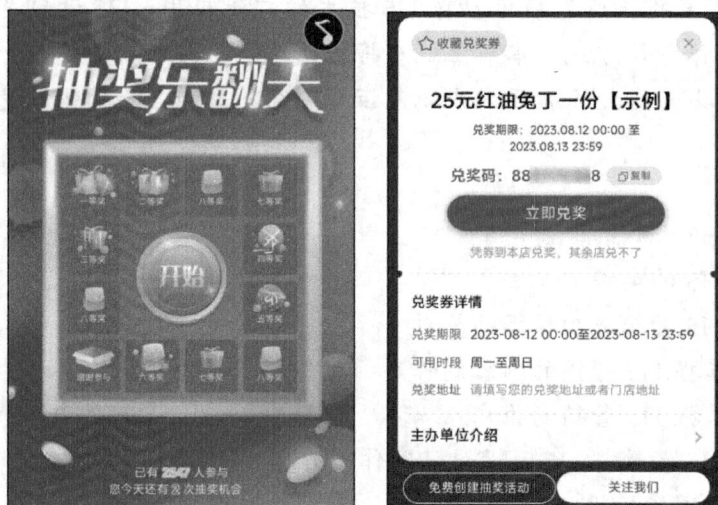

图7-1 H5抽奖营销

7.1.2 H5的类型

根据营销功能，H5 主要分为展示类 H5、活动类 H5、游戏类 H5、技术类 H5、场景类 H5。

1. 展示类H5

展示类 H5 是最常见的 H5 类型之一，制作简单，不需要使用过多的交互技术，但在视觉设计上能让人大饱眼福，内容包括标题、文案、图片和视频等。

展示类 H5 通常聚焦于商品功能介绍，运用 H5 的互动技术优势来展示商品特性，从而帮助用户全方位了解商品，甚至引导用户产生购买行为。图 7-2 所示为采用 H5 制作的汽车展示动画截图。

图7-2 采用H5制作的汽车展示动画截图

2. 活动类H5

活动类 H5 包括多种内容形式，如邀请函、贺卡、投票活动、抽奖活动等，通过与用户互动，以及高质量和具有话题性的设计来提高传播效率。图 7-3 所示为采用 H5 制作的抽奖活动页面。

3. 游戏类H5

游戏类 H5 的营销效果也很好，例如在节假日制作一个应景的小游戏，并在游戏内加入一些软广告做宣传。用户参与感比较强的营销作品中十分具有代表性的就是各类 H5 小游戏。图 7-4 所示为采用 H5 制作的猜图小游戏页面。

图7-3 采用H5制作的抽奖活动页面

4. 技术类H5

技术类 H5 营销以技术为卖点，包括 AR、VR、3D 等技术。其有着强大的互动功能，比起普通的活动营销，有着有趣、有创意、新鲜等优势，可以和其他的营销工具搭配使用，效果是很不错的。图 7-5 所示为采用 H5 制作的 AR 集福页面。

图7-4 采用H5制作的猜图小游戏页面

图7-5 采用H5制作的AR集福页面

5. 场景类H5

场景类 H5 更注重 H5 展现形式的场景化，用户通过互动能进入一定的场景、情景当中，要传达的信息被植入场景当中，从而使用户较容易接受一些强硬的广告信息。

其主要形式是，用户以第一人称的视角打开页面，进而跟随页面提示，一步步随着剧情探索下去。图 7-6 所示为采用 H5 制作的校园开放日邀请函页面。

图7-6 采用H5制作的校园开放日邀请函页面

7.1.3 H5营销成功传播的基础

如今在移动端聚集着大量的用户，因而移动端成了很多企业的营销阵地。通过制作 H5 页面进行宣传，增加品牌知名度是一种常见的新媒体营销模式。H5 营销要成功传播，需要建立在以下几个基础上。

1. 清晰的目标和用户定位

在进行 H5 营销前，需要明确营销目标和目标用户。基于明确的目标和用户定位，营销人员可以更好地策划和制定 H5 营销方案，确保内容和形式与目标用户的需求吻合，提升推广效果。

2．优质的内容

H5营销的内容是吸引用户的核心因素。因此，在进行H5营销时，需要注重优质内容的创作。内容应具有独特性、趣味性和可分享性，设计上必须通过有吸引力的文字、图片、视频等元素吸引用户的眼球，激发他们的兴趣和参与欲望。

在H5页面中，要突出和强调商品或服务的亮点和特点，让用户一目了然。采用突出关键词、加粗文字、引用用户评价等方式，将重点信息提前呈现给用户。

3．有效的推广渠道

进行H5营销时，需要选择合适的推广渠道，通过多渠道的推广，将H5营销内容传播给更多的潜在用户。营销人员可以通过社交媒体、行业平台、个人网站等渠道进行推广，确保信息能够传递给目标用户。

4．用户的互动和参与

H5营销的成功传播离不开用户的互动和参与。在设计H5页面时，要设计能吸引用户参与的互动形式，如答题、抽奖、投票等，通过引导用户参与，增加用户黏性和传播力度。

5．强调品牌形象和价值观

在进行H5营销时，要始终保持品牌形象和价值观的一致性。在H5页面中体现品牌的独特性和核心价值，可以提升用户对品牌的认知和好感度，从而增强品牌传播和推广的效果。

在设计H5页面时，要确保页面的整体风格和品牌形象保持一致。色彩、字体、布局等要与品牌风格相符，以营造统一的视觉效果，提高品牌的知名度和可信度。

7.2　H5营销的内容制作

H5营销的效果受到H5内容质量的影响，因此在进行H5营销前，营销人员必须掌握H5内容制作的相关知识。营销人员应设计和制作出符合品牌形象和营销目标的H5内容。

7.2.1　H5内容制作工具

H5内容制作工具能够帮助营销人员快速、简单地制作出高质量、有趣的H5内容。H5内容制作工具有很多，下面介绍几个比较流行和常用的工具。

1．凡科互动

凡科互动提供专业的游戏活动营销产品，能够帮助中小企业快速创建符合自身特点的互动营销小游戏。凡科互动致力于助力中小企业数字化经营升级，提供简单易用的新媒体营销产品与优质的服务，让中小企业经营更简单。

凡科互动免费提供了多款游戏模板，企业能够将营销信息植入H5内容中，实现品牌推广，提高销售转化率。凡科互动的产品适用于公众号涨粉、门店引流、品牌传播、电商引流、活跃粉丝等多种营销活动。

凡科互动的产品功能较为强大，互动型H5模板较多，但大多数优质模板需要付费使用。图7-7所示为凡科互动模板页面。

图7-7　凡科互动模板页面

2. 易企秀

易企秀是针对移动互联网营销的手机网页制作工具，致力于让创意设计成为每个人都可以掌握的基础能力。易企秀提供大量免费模板，并提供统计功能，用户依托于易企秀强大的H5在线编辑器功能，选择心仪的模板后，只需简单替换，即可生成专属的H5页面。

易企秀适用于企业宣传、商品介绍、活动促销、预约报名、会议组织、收集反馈、微信增粉、网站引流等营销活动。

易企秀操作简单，模板覆盖范围广，适合企业或H5初学者使用。图7-8所示为易企秀模板页面。

图7-8　易企秀模板页面

3. iH5

iH5定位于取代HTML5网页编程的可视化工具，是H5页面制作工具里比较标新立异的产品。用户在无须编码的前提下，通过对元素的拖动、摆放、设置等操作，实现在线编辑。iH5的功能十分强大，能够制作大部分类型的H5，适用于互动广告、小游戏、交互视频、照片合成、微信邀请函等不同场景。

用户在使用iH5时，需要根据不同的需求，选择不同的模板制作H5页面。iH5的专业性较强，不适合不懂代码的初学者。图7-9所示为iH5模板页面。

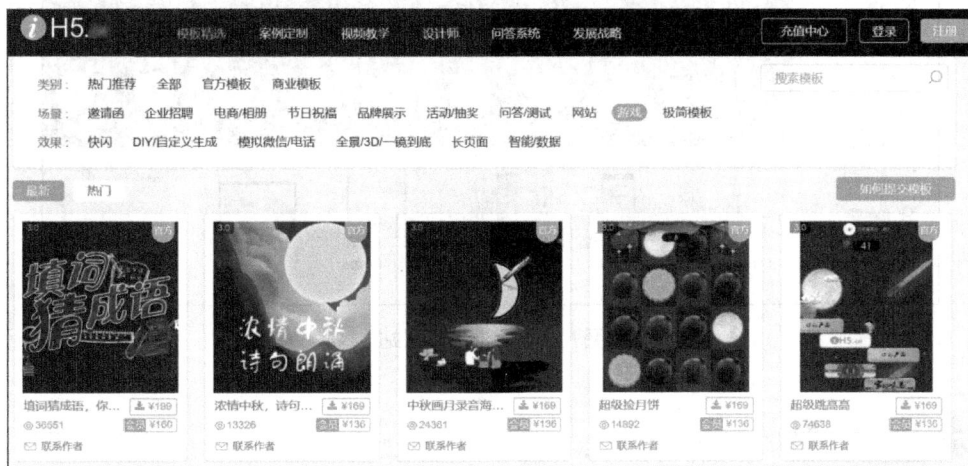

图7-9　iH5模板页面

4. MAKA

MAKA是在线创作H5工具，能够为用户提供满足企业形象宣传、活动邀请、商品展示、数据可视化展示、活动报名等不同场景需求的服务。其操作简单，仅需拖动即可添加或替换文字、图片等元素；模板覆盖行业多，能够满足大部分使用场景需求；同时支持PC端和移动端的H5编辑，并支持一键分享功能。在使用MAKA时，用户需先选择行业，再选择具体职业进行H5内容制作。图7-10所示为MAKA模板页面。

图7-10　MAKA模板页面

5. 创客贴

创客贴是一款简单好用的平面设计工具、在线图片编辑器，提供免费模板，如商品主图、商品详情页、电商海报、公众号封面等模板。图7-11所示为创客贴网站。

创客贴拥有海量精美的H5活动页设计模板和H5活动页设计素材。每一个模板都可编辑，文字、图片、背景皆可修改，用户只需简单几步即可完成在线H5活动页的设计制作。

图7-11　创客贴网站

不同 H5 内容制作工具有各自的特点和优势，营销人员可以根据自己的需求和喜好选择合适的 H5 内容制作工具。同时，营销人员在使用这些工具时，也可以结合自己的创意和营销策略，设计出吸引力和互动性更强的 H5 营销内容。

7.2.2　选择H5模板

通过 H5 内容制作工具制作 H5 内容的第一步，就是选择 H5 模板，营销人员可根据所在行业、营销目的、营销活动类型以及 H5 风格等选择不同的模板。例如，在 MAKA 中，营销人员可进入模板中心，根据营销场景和营销风格等选择模板，如图 7-12 所示。

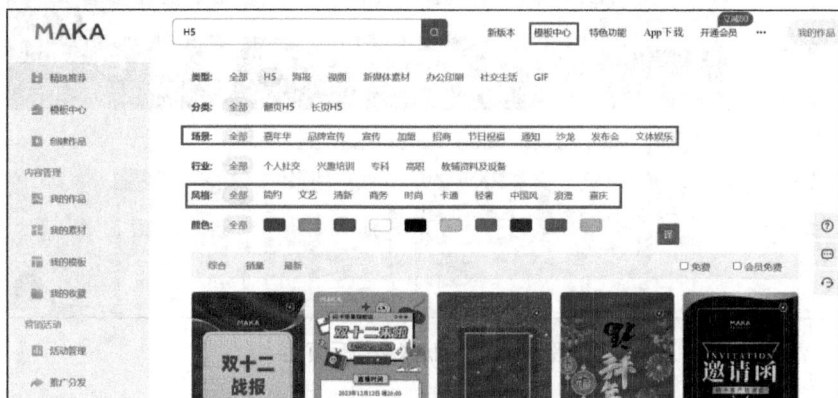

图7-12　在MAKA中选择模板

使用 MAKA 中的模板来制作 H5 内容，具体操作步骤如下。

（1）进入 MAKA 官方网站，单击首页右上角的"登录/注册"按钮，在弹出的对话框中可以通过微信登录，如图 7-13 所示。

图7-13 通过微信登录

（2）登录后，进入模板中心，可以根据需要选择模板。在模板中心顶部的导航栏中可以直接根据品类选择模板，也可以先搜索关键词再选择模板，此处以搜索"H5"为例，搜索后可选模板品类，还可以根据行业、场景等挑选模板，这里在"场景"下选择"节日促销"，如图 7-14 所示。

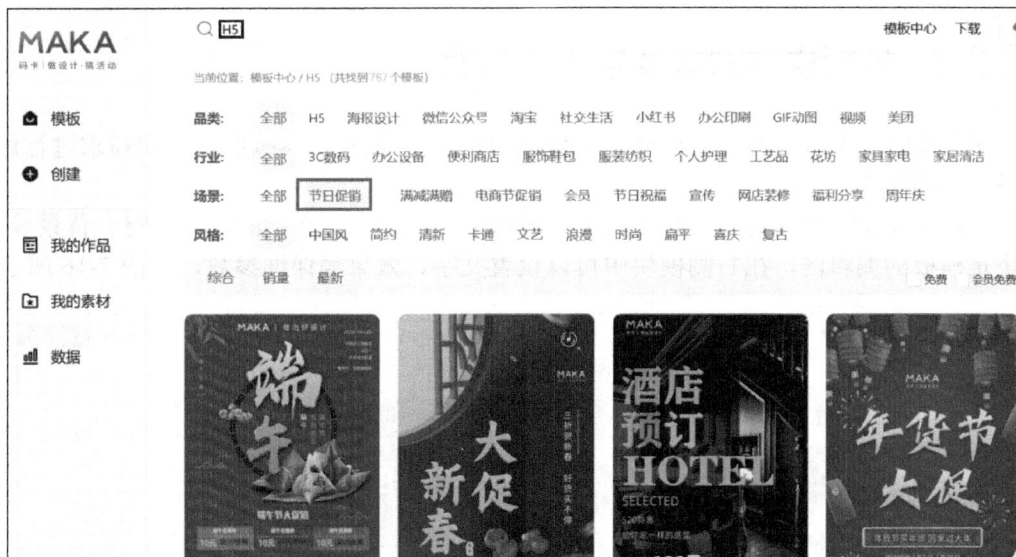
图7-14 根据需要选择模板

小提示

营销人员也可以在 MAKA 官方网站顶部的搜索栏中，输入关键词搜索需要的模板。

（3）单击所选的模板，在打开的页面单击"立即编辑"按钮即可进入模板编辑页面，如图 7-15 所示。模板具有完整的行业结构逻辑，营销人员只需进行小小的改动即可完成 H5内容的制作。

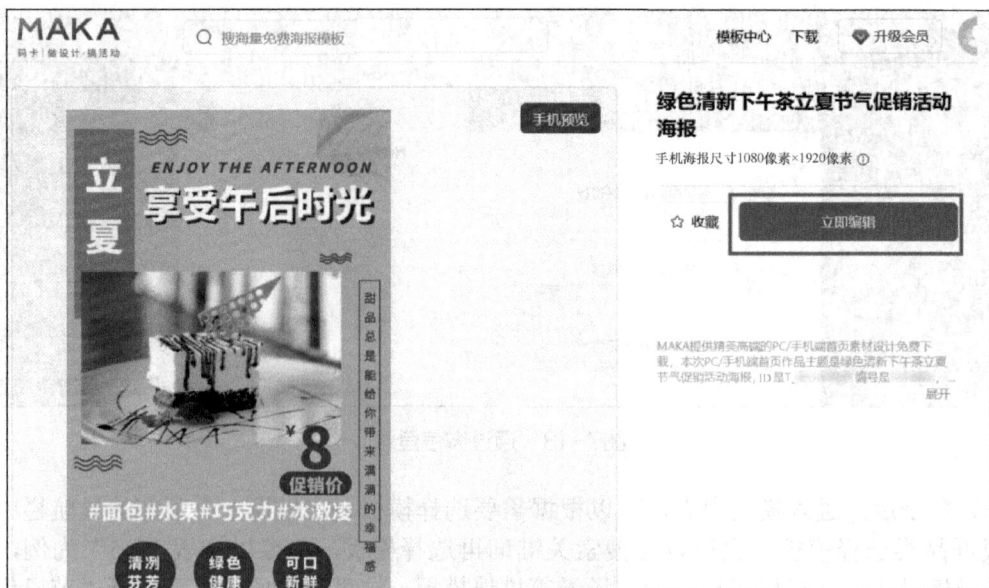

图7-15　单击"立即编辑"按钮

7.2.3　模板素材的替换与活动配置

选好合适的模板后，营销人员可以对模板中的文字和图片内容按照自己的需求进行修改。具体操作步骤如下。

（1）进入模板编辑页面，在左侧模块中可以选择模板、文字、图片、素材、背景等，中间模块是模板的编辑区，在右侧模块中可以设置文字、效果等详细参数，如图7-16所示。

图7-16　模板编辑页面

（2）修改模板中已有的文字。双击文字后修改文字，之后可以在右侧模块中设置文字的字体、字号、颜色、效果、粗细、正斜体、下画线、行距、旋转、对齐以及位置等，如图7-17所示。

图7-17　修改模板中已有的文字

（3）如果要新建预设样式文本，在左侧模块中单击"文字"按钮，单击对应的样式可将其添加至编辑区，双击文本框可编辑文字内容，如图7-18所示。还可以直接拖动文本框改变文本框的位置。

图7-18　新建预设样式文本

（4）若想替换模板中的图片，可先单击模板中想要换掉的图片，然后单击右侧模块中的"替换图片"按钮，如图7-19所示，在弹出的图片列表里选择新图片即可。

图7-19　单击"替换图片"按钮

（5）也可以单击"上传素材"按钮，如图 7-20 所示。

（6）在弹出的对话框中找到并选中想添加的图片，单击"打开"按钮，如图 7-21 所示，即可添加图片至素材库。

（7）替换图片后的效果如图 7-22 所示，还可以根据需要调整图片的大小。在制作完成后，就可以发布 H5 内容了。

图7-20 单击"上传素材"按钮

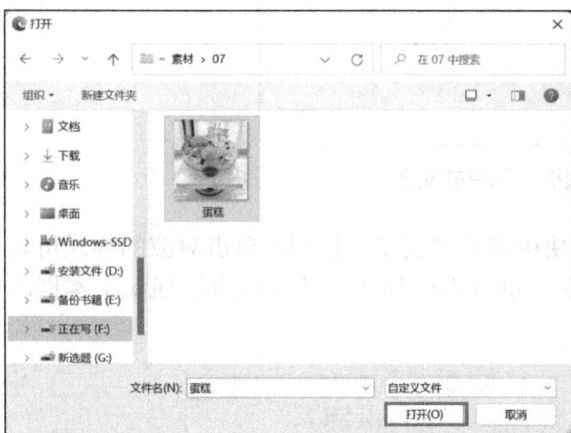

图7-21 选择想添加的图片

图7-22 替换图片后的效果

素质课堂

现如今，越来越多的国货品牌开始运用"中国风"进行宣传，以传统符号与装饰元素为基础，将品牌理念暗藏其中，以潮流设计展现国货风采。中国是一个具有悠久历史和灿烂文化的文明古国，创造了举世公认的辉煌艺术成就。中国风是一种集中国文化、理念创新于一体的设计风格。中国风设计所要体现的是中国传统元素的内涵，而不是简单的图形，设计人员要从历史中提炼出文化的精髓和核心内容并借助其进行创作。

7.3 H5营销的推广

H5 内容制作完成后，还需要做好 H5 营销的推广工作，下面从 H5 营销推广的内容策划关键点和 H5 营销的推广策略两个方面进行介绍。

7.3.1 H5营销推广的内容策划关键点

H5 营销的内容直接影响着用户对商品或品牌的印象，因此营销人员需要注意 H5 营销推广的内容策划关键点，从而让用户第一眼就能被吸引，获得更多点击量、浏览量及分享量。下面将从标题设计、视觉效果设计、交互设计几个方面对其进行介绍。

1. 标题设计

标题是对营销内容的概括，能够第一时间引起用户注意，是决定用户是否查看 H5 内容的关键因素。标题要与 H5 内容紧密联系，且合理地将重点信息呈现出来，以吸引用户查看 H5 内容。

例如，某企业为了在春节期间促销商品做的 H5 内容，标题为"春节不打烊新春狂欢购"，以"新春大促"和"三折贺新春 好货买不停"吸引用户查看，如图 7-23 所示。

2. 视觉效果设计

H5 内容的视觉效果设计包括页面中文字、图片、按钮等的排版设计，以及页面整体颜色设计。下面对这两方面分别进行介绍。

（1）排版设计。营销人员对排版进行设计，可以使 H5 版面更加整洁、有条理，优化视觉效果，使用户能够在短时间内找到自己需要的信息，提高商品或品牌营销信息的传播效率。在对排版进行设计时，要求版面干净、简洁，文字与图片、动画等分布合理，突出营销的主题与重点。图 7-24 所示的 H5 页面中图文排版设计整洁、干净，给用户带来一种清爽、舒心的视觉感受。

图7-23 标题设计

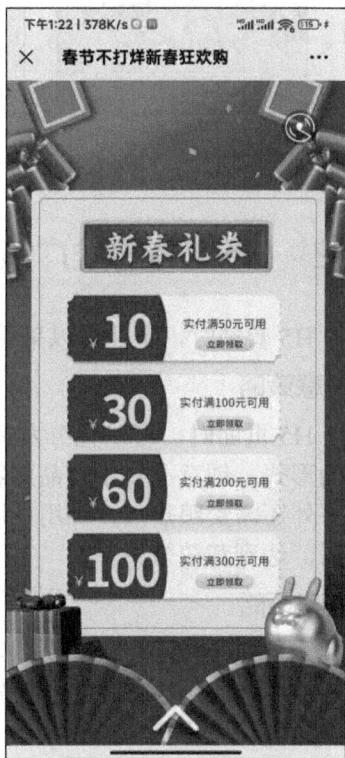

图7-24 排版设计

（2）颜色设计。众所周知，不同的颜色能够代表不同的情绪，给人不同的心理暗示。因此，在设计颜色时，营销人员需根据 H5 内容的主题，选择合适的颜色，再对色相、明度和纯度进行调整，使不同颜色和谐共存，并能够在第一时间吸引用户的眼球，为 H5 营销带来更多的浏览量和转发量。

3. 交互设计

营销人员可通过交互设计对两个或多个互动的个体之间交流的内容和结构进行定义，从"可用性"和"用户体验"两个层面进行分析，关注用户的基本需求，使不同的交互动作相互配合，从而达到营销目的。

例如，"简约图文餐饮开业翻页"H5 就结合"OPEN"点击动作，一步步引导用户进入下一个页面，最后引导用户预订，如图 7-25 所示。

图7-25　交互设计

7.3.2　H5营销的推广策略

在进行 H5 营销时，企业可以采用以下几个推广策略，以提升营销效果。

1. 创意策略

在设计 H5 页面时，可以充分发挥想象力和创意，设计与品牌和商品相关的有吸引力的内容和互动形式。创意上要结合品牌特性，达到视听创新；内容上要做到有趣、好玩、实用、有价值，另外还需紧跟热点，利用话题效应。只有这样才能吸引用户的眼球，促使用户进行分享、传播，达到营销效果。

2. 社交策略

社交媒体是 H5 营销的重要推广渠道之一。因此，在进行 H5 营销时，可以通过社交媒体平台进行推广。企业可以通过社交分享按钮、社群互动等方式，鼓励用户主动分享 H5 页面，并提供相应的奖励或优惠，以扩大品牌影响力和传播范围。

除上述线上渠道外，企业还可以将 H5 页面二维码印刷在线下海报、广告牌、专柜台卡、商品包装上面。

3. 数据策略

企业在进行 H5 营销时，可以通过数据追踪和分析工具来对用户的行为和反馈进行精准的分析。通过分析用户的点击、转化和参与情况，企业可以了解用户的喜好和需求，及时调整和优化营销策略，提升推广效果。

4. 故事策略

故事是吸引用户注意力和传达信息的有力工具。企业在进行 H5 营销时，可以通过讲故事的方式来引起用户的情感共鸣。企业可以通过设计有情节、能引发情感共鸣的故事，增加用户对内容的关注和记忆，提高品牌辨识度和提升传播效果。

5. 统一风格策略

在进行 H5 营销时，要想获得更好的推广效果，H5 页面的风格必须统一。H5 页面的颜色、文案风格都应该和谐统一，以给用户带来视觉享受。

6. 话题效应

话题效应是指某个话题所产生的影响。在进行 H5 营销时，企业可借助话题效应，提高 H5 页面的曝光度，增强推广效果。因此，企业需要时刻关注互联网上的热门事件，选择合适的事件，找准切入点，贴近用户的实际需求，把握热点的话题效应，借助话题热度，快速引起用户的关注。

由于话题效应一般具有时效性，话题的讨论热度大约集中在话题发布后的两个星期内，因此要想更好地利用话题效应，企业就需要把握好 H5 页面上线的时间，使 H5 页面能够在短时间内引起用户的广泛讨论，从而扩大 H5 页面的传播范围。

技能实训——在线设计H5促销海报

下面以创客贴为例，介绍如何在线设计 H5 促销海报，具体步骤如下。

（1）进入创客贴官方网站，选择"模板中心"，在"分类"中选择"电商"，在"场景"中选择"电商横版海报"，如图 7-26 所示。

图7-26　选择"电商横版海报"

（2）选择一个合适的模板，进入编辑页面，单击"上传"按钮，如图 7-27 所示。

图7-27 单击"上传"按钮

（3）在"我的上传"选项卡中单击"上传素材"按钮，如图 7-28 所示。

（4）选择要添加的图片，上传图片，如图 7-29 所示。

图7-28 单击"上传素材"按钮

图7-29 上传图片

（5）把编辑区中的商品图删除，然后将上传的商品图拖动到相应位置，如图 7-30 所示。

图7-30 拖动商品图

（6）修改商品价格，并设置文字的字号、字体、颜色、样式等，商品促销文字可以根据需要修改，如图7-31所示。

图7-31　修改文字

思考与练习

一、填空题

1. H5是 ＿＿＿＿＿＿＿＿ 的简称，是一种用于制作网页的标准计算机语言。

2. 根据营销功能，H5营销主要分为 ＿＿＿＿＿＿＿ 、 ＿＿＿＿＿＿＿ 、 ＿＿＿＿＿＿＿ 、
＿＿＿＿＿＿＿ 、 ＿＿＿＿＿＿＿ 。

3. 在进行H5营销前，需要明确 ＿＿＿＿＿＿＿ 和 ＿＿＿＿＿＿＿ 。

4. H5营销的 ＿＿＿＿＿＿＿ 是吸引用户的核心因素。

5. 通过 ＿＿＿＿＿＿＿ 制作H5内容的第一步，就是选择H5模板。

二、简答题

1. 什么是H5营销？

2. H5营销成功传播的基础有哪些？

3. H5内容制作工具有哪些？

4. H5营销的推广策略有哪些？

[6] 王磊编著. 新媒体营销实战一本通. 北京: 化学工业出版社, 2018: 7-9. 第2章...

参考文献. 2019: 7-9. 第2章

第8章

内容营销

随着新媒体平台的发展，用户在移动端最习惯的 3 个行为变成看新闻、刷微信 / 朋友圈、看短视频。越来越多的用户利用碎片时间通过内容平台发现新鲜事物和优质商品，企业越来越意识到内容营销的重要作用。

- 了解内容营销
- 了解内容营销实施步骤
- 熟悉内容营销常见平台
- 熟练掌握今日头条营销方法
- 熟练掌握小红书营销方法
- 熟练掌握微博营销方法
- 遵守平台规则，熟知禁止发布的广告内容

8.1　内容营销概述

近年来，伴随着新媒体的迅速发展，一种全新的营销思维——内容营销，开始得到关注。

8.1.1　内容营销认知

内容营销指的是企业针对特定受众，通过创建、发布和分享有价值的、有吸引力的内容，提高品牌知名度、影响力和销售额的一种营销方式。这种营销方式可以让用户在享受内容的同时对品牌产生好感，最终实现品牌与用户的良好互动。内容营销具有以下特点。

1. 注重内容质量

内容质量是内容营销的核心，制作高质量内容需要花费大量的时间和资源，但它能够带来更多的流量和更高的转化率。

2. 内容形式多样

内容形式多种多样，包括文字、图片、视频、语音等。图8-1所示为包含文字和视频的内容。企业应针对不同的用户需求，采用不同的内容形式来呈现信息，从而更好地吸引用户的注意力。

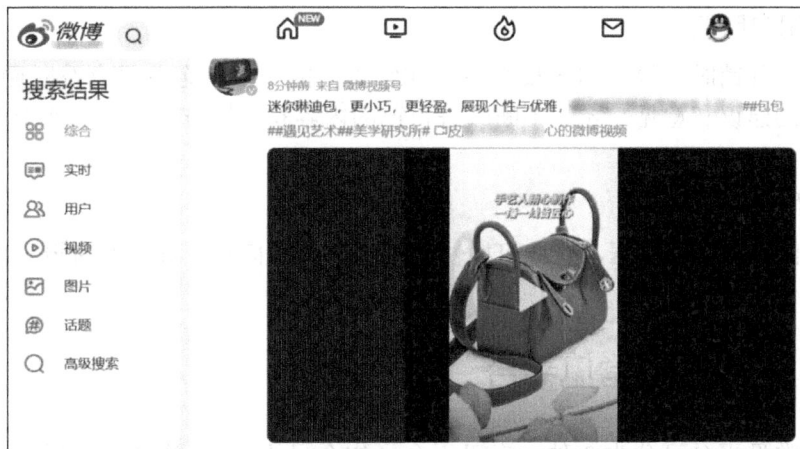

图8-1　包含文字和视频的内容

3. 更注重用户体验

相较于传统的广告宣传，内容营销更注重用户体验，更注重品牌与用户之间的互动。它不是简单地把商品或服务信息呈现给用户，而是通过内容的呈现让用户发现问题并解决问题，从而使用户建立对品牌的信任和忠诚。

4. 持续传播效果较好

营销内容可以长期存在于受众的视野中，有效地吸引潜在受众。好的营销内容可以持续传播，传播能量会不断放大。内容营销可以帮助企业确立品牌形象，向用户传达有价值的信息，建立企业的可信度和权威性。

8.1.2 内容营销实施步骤

内容营销是通过打造有价值的内容，吸引用户进行互动的一种营销手段。下面介绍内容营销实施步骤。

1. 明确目标用户

在进行内容营销时首先要明确目标用户，根据目标用户的需求和兴趣，制定相应的内容策略，包括内容类型、发布平台、发布频率等。

2. 打造有价值的内容

在进行内容营销时，一定要打造有价值的内容，注重内容的原创性、可读性和互动性，只有这样才能让用户将内容转发给更多人。

3. 选对营销渠道

相比于传统的广告，内容营销更加注重营销渠道的选择。对于不同的内容类型，需要选用不同的营销渠道，例如，视频内容可以在小红书等平台中进行推广，而文字内容则可以通过微博、今日头条等关注度较高的平台进行宣传。

4. 营销方式创新

在进行内容营销时，营销方式的创新也非常关键。使用互动游戏、问答、话题讨论等方式可以吸引更多的用户参与互动。

5. 跟进用户反馈

在进行内容营销时，跟进用户反馈也是非常重要的一步。企业只有及时回应用户反馈，听取用户合理的建议和意见，才能不断改进自己的内容和营销方式，从而实现内容营销的最终目的。

6. 分析和优化

通过定期监控和分析数据，企业可以快速发现内容的问题，并且及时调整内容，优化内容营销策略和创作过程。

8.1.3 内容营销常见平台

内容营销常见平台可分为3种：资讯平台（如今日头条）、社区电商平台（如小红书）、社交平台（如微博）。

1. 今日头条

今日头条是北京字节跳动科技有限公司开发的通用信息平台，也是新闻资讯类新媒体平台。今日头条会选择具有权威性的内容，给用户推荐最有价值的信息。通常，同一内容用户只想阅读一次，今日头条使用了"千人千面"的智能推荐机制，优化用户的阅读体验。

今日头条一般以广告的形式进行营销和推广，主要包括开屏广告（启动软件后显示的全屏广告）、信息流广告（在推荐、资讯等展示信息的界面中显示的广告），以及内容中植入的软广告等。图8-2所示为今日头条营销。营销人员可以根据营销的需要和预算，选择在不同位置投放广告，或者发布今日头条文章，在文章中融入营销信息，引导用户点击或购买等。

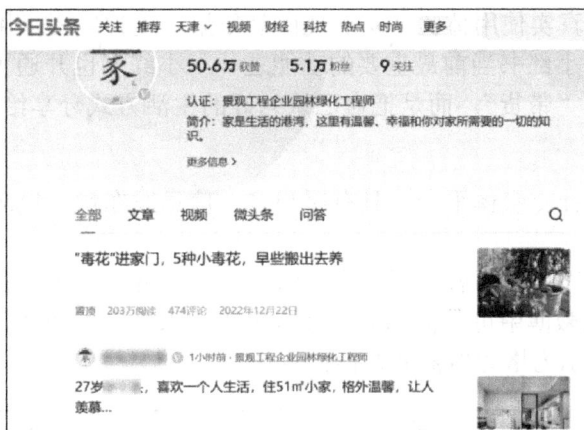

图8-2 今日头条营销

2. 小红书

小红书的互动性很强，用户可以通过发布视频与图片、关注其他用户等方式与他人进行交流，用户之间的黏性很强，关联度很高。小红书通过好友推荐或平台"种草"，增强用户对商品的信任，易于成交。小红书商城正是通过社交方式引流用户到商城，实现社交电商的。图 8-3 所示为小红书营销。

图8-3 小红书营销

在小红书通过分享真实使用体验真实展现商品效果，这样能提高用户的信任度，从而提高转化率。互动分享是小红书当前最重要的功能之一。小红书也开通了直播功能，在小红书直播中，主播不是单纯"带货"，而是把自己认为好的生活方式分享给自己的粉丝。

3. 微博

微博是十分热门的社交媒体平台，具有用户多、信息发布快、反应速度快等特点，具有广泛的传播力和影响力。

企业借助微博，每天更新内容，跟用户交流互动，或者发布用户感兴趣的话题，从而达到营销的目的。企业在微博中可以借助多种技术手段，以文字、图片、视频等展现形式对商品进行介绍。图 8-4 所示为格力电器通过微博营销。

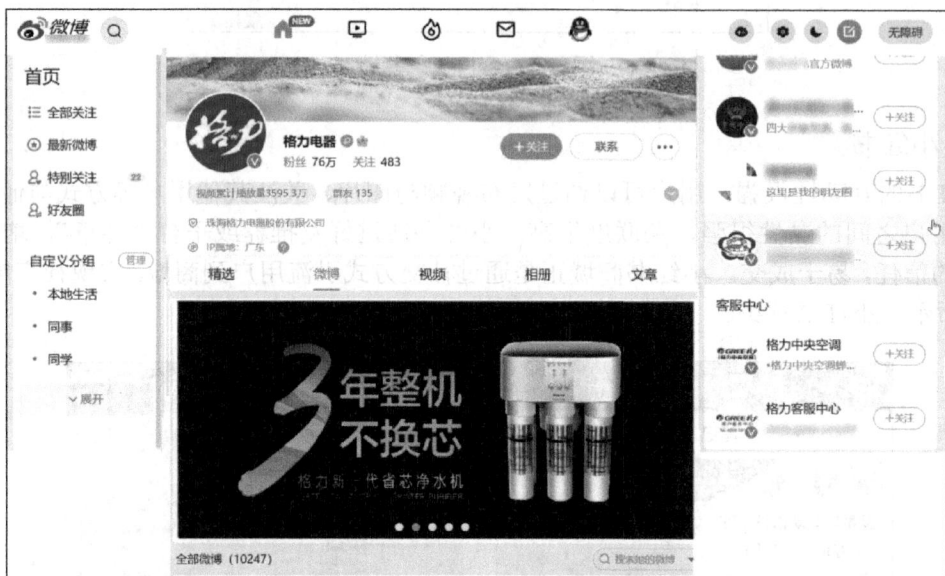

图8-4　格力电器通过微博营销

8.2　今日头条营销

越来越多的企业和个人开始在今日头条上营销。今日头条因为有庞大的用户群体，加上智能推荐引擎，能够精准地找到用户，受到了广大营销人员的喜爱。

8.2.1　今日头条推荐机制

今日头条推荐系统的本质，就是从一个巨大的内容池里，为用户找到其感兴趣的内容并向其推荐。这个内容池有几十万、上百万的内容，涵盖文章、视频、问答等各种各样的形式。

想要通过今日头条实现内容营销，了解其推荐机制是必不可少的环节。只有了解今日头条推荐机制的特点，才能更好地帮自己的内容获取更多的推荐流量。

今日头条推荐机制的基本规则（以文章为例）：首先，文章通过审核后，机器人会将文章推送给粉丝和相关关键词人群；然后机器人会对用户的阅读速度和在文章上的停留时间进行分析，判断是否扩大文章的推荐范围，当阅读人数较多时，就会大力推荐。

以下因素有助于提高头条号文章（以文章为例介绍，其他形式规则类似）的推荐量。

（1）专注于一个领域。无论哪个平台，都喜欢专业性强的创作者。专注于一个领域，才能集中展现自己的优势，才能被更多的用户发现和关注。不能一篇文章主题为旅游、一篇文章主题为汽车，而另外一篇文章主题为娱乐。图8-5所示为专注于美食领域的头条号文章示例。

（2）设置合适的账号名称。今日头条账号名称对账号运营至关重要，设置账号名称时应该站在用户的立场，考虑他们看到账号名称时的感受。首先，账号名称要便于用户记忆；其次，账号名称应该清晰、直观地反映账号特点，并与专注的领域相关联。

（3）坚持原创。内容原创性越强，被推荐的机会越大。这是为了鼓励更多的优质创作者来今日头条创作。

（4）设置吸引人的标题和封面。在发布文章时，标题和封面非常重要，好标题和好封面能让用户更加愿意点击，更加愿意了解文章的内容。

图8-5　专注于美食领域的
头条号文章示例

（5）选择优质的图片。要选择3张纸质的高清图片，并且与文章主题相关。

（6）分类明确。文章分类越明确，被推荐的机会越大。文章分类包括新闻、社会、娱乐、电影等。

（7）发布热点话题。在互联网上话题的热度越高，被推荐的机会越大。所以发布热点话题也会获得更高的推荐量。

（8）保持较高的发文频率。经常发文，保持活跃很重要。无论在哪个平台都是这样的，平台喜欢活跃的创作者。

（9）保持较高的内容质量。内容质量越高，被推荐的机会越大。优质的内容才是根本，这一点毋庸置疑。要让用户看过内容后，感觉到有收获，学习到了技能，了解到了知识，获取到了娱乐资讯，得到了身体、精神的放松等。

8.2.2　今日头条审核机制

今日头条的审核机制包括机器审核和人工审核，以机器审核为主、人工审核为辅。机器和人都会对文章进行过滤，根据文章具体情况，决定文章是否通过审核。审核一般发生在几分钟内。文章只有通过审核后，才会进入推荐系统。下面是文章没通过审核的一些常见原因。

（1）标题问题。标题不符合基本的规范，如含有错别字、含有敏感信息、不雅甚至恶俗等。

（2）正文问题。正文内容有问题，如正文全为繁体字或英文等，内容过于陈旧，内容低质。

（3）虚假故事。有的创作者为了提高文章的点击量，编造一些虚假的故事，这样的文章平台是不会审核通过的。

（4）包含广告信息。文章中不能有广告和推广信息，如不能含有二维码、电话号码、网址链接等推广信息。有的文章经常会带有商品链接，这样的文章平台是不会审核通过的。

（5）抄袭侵权。有些人直接把他人的文章复制粘贴后发布，这样的文章平台也是不会审核通过的。

素质课堂

今日头条在选择广告主时十分严格，广告主需要通过层层选拔才能在今日头条上投放广告。比较常见的不可以投放广告的领域如下：成人用品、烟草、封建迷信、宗教用品或宗教书籍、彩票、丧葬、刺青、开锁、棋牌、危险化学品、爆炸品、农药、兽药、宠物医院、蜂蜜、赌博等。因此广告主在开户投放广告前，需要清晰地定位自己的品牌产品，这样才不会在开户之后发现投放不了广告。

8.2.3 开通文章原创

原创内容是由创作者自行创作且拥有合法版权的内容；或获得著作权人本人授权，对原作品进行改编、翻译、注释、评议的内容（今日头条平台的相关规定）；或获得著作权人本人独家授权，在今日头条平台内独家发布的内容。

原创权益是今日头条给创作者的重要权益之一。为保证创作者的合法权益、提升用户的阅读体验、打造健康有序的内容生态，今日头条建议每位创作者在发文前仔细阅读并严格遵守文章原创规则。今日头条期待创作者能够持续创作更多优质的内容。

在今日头条申请开通文章原创的具体方法如下。

（1）进入 PC 端头条号后台，选择"成长指南"→"创作权益"选项，然后单击"文章原创"后的"申请开通"按钮，如图 8-6 所示。

（2）打开今日头条 App，选择"我的"→"创作中心"→"创作权益"选项，然后点击"文章原创"下的"申请开通"，如图 8-7 所示。

图8-6　在PC端申请开通文章原创

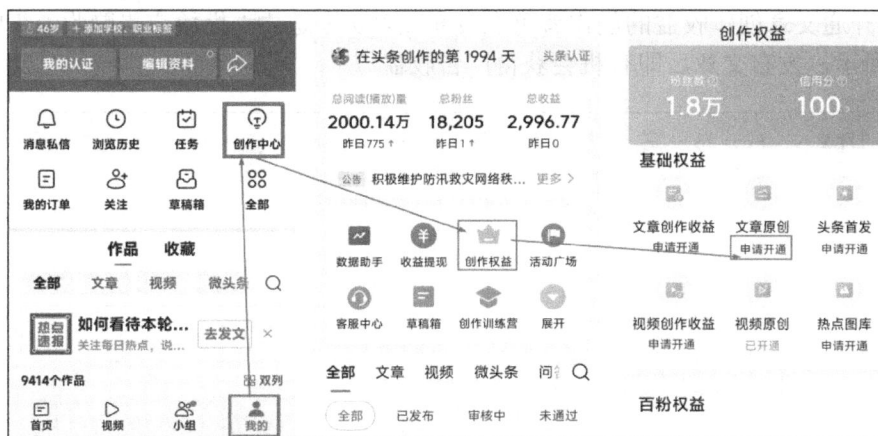

图8-7 在今日头条App申请开通文章原创

8.2.4 投放广告赚收益

投放广告赚收益是创作者将广告位委托给今日头条平台代为运营的一种广告形式。由今日头条平台对用户和广告内容进行智能匹配，实现精准推广。

广告展示位置：文章的广告会展示在今日头条 App 中投放了广告的文章下方；视频的广告一般会展示在视频开始或结尾的地方。今日头条平台为了平衡用户体验，并不是每次刷新都会有广告出现。

在今日头条投放广告赚收益的具体操作步骤如下。

（1）进入 PC 端头条号后台，选择"创作"→"文章"选项，如图 8-8 所示。

（2）进入发布文章页面，如图 8-9 所示，在此可以输入文章标题、正文内容等。确保文章内容连贯、结构清晰、过渡自然。

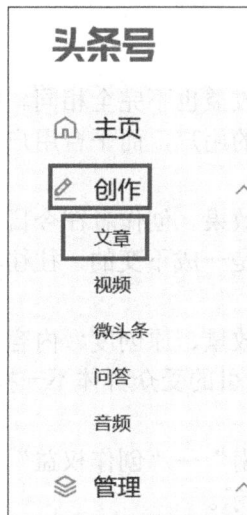

图8-8 选择"文章"选项

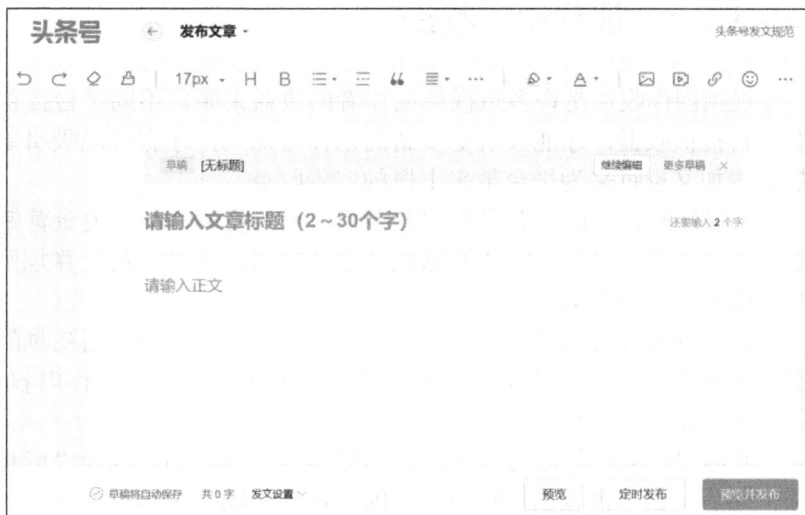

图8-9 发布文章页面

（3）已开通文章创作收益的创作者可在发布文章页面选中"投放广告赚收益"单选按钮，如图 8-10 所示，发布文章后即有机会获得广告收益。

图8-10　选中"投放广告赚收益"单选按钮

8.2.5　视频创作收益

视频创作收益是许多短视频创作者的收益来源，不同平台提供的收益也不完全相同。只有平台提供收益，才能吸引更多新的创作者加入，才有可能吸引更多的用户，而平台用户数量的增加又反过来为平台带来丰厚的广告收益。

新媒体时代，创作者可以通过上传自己的视频来达到流量营销的效果。创作者在今日头条加入创作者计划后，默认开通视频创作收益。平台收益计算规则不是一成不变的，往往和平台的流量密切相关。

高收益来自高流量。一般情况下，视频创作收益是根据视频的播放量、原创度、内容质量、点赞评论量、观看时长等因素来综合评估的。不同的创作内容所吸引的受众群体不一样，带来的广告收益也会存在一定的差异。

开通视频创作收益的方法：进入 PC 端头条号后台，选择"成长指南"→"创作权益"选项，然后单击"视频创作收益"后的"申请开通"按钮，如图 8-11 所示。

视频创作者发布视频后，可以查看具体产生的收益数据。进入 PC 端头条号后台，选择"数据"→"收益数据"→"视频创作收益"选项，如图 8-12 所示，即可查看视频创作收益数据。

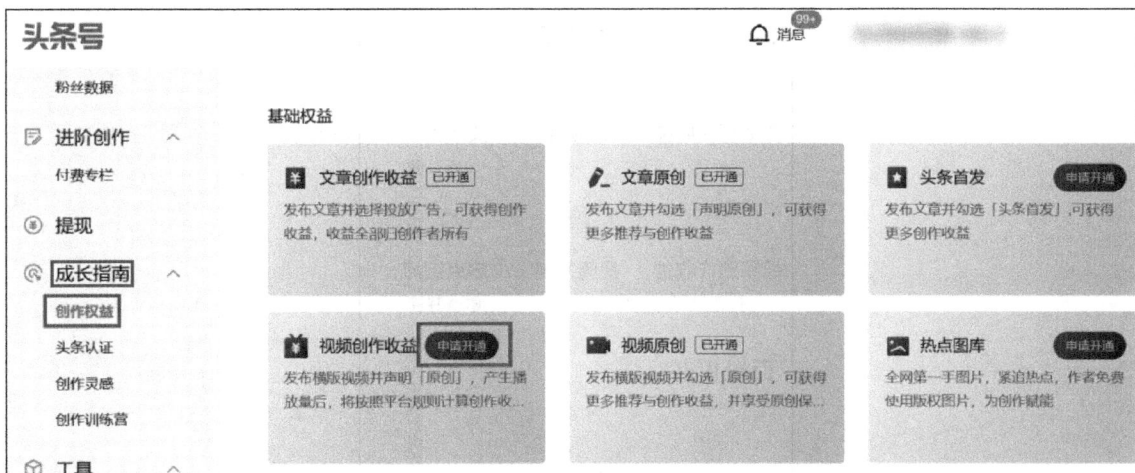

图8-11 申请开通视频创作收益

图8-12 查看视频创作收益数据

8.2.6 问答创作收益

今日头条的问答社区专注分享知识、经验、观念。创作者在这里回答问题可以赚取收益。通常情况下，问答创作收益跟创作者的回答质量、阅读量、阅读时长等因素有关，所以并不是回答了问题就能有收益。

自2020年1月13日起，粉丝量（含西瓜视频粉丝量）≥100且账号类型为非国家机构和其他组织的创作者，在今日头条App，选择"我的"→"创作中心"→"创作权益"选项，点击"问答创作收益"下的"申请开通"，如图8-13所示，即可申请开通对应的权益。

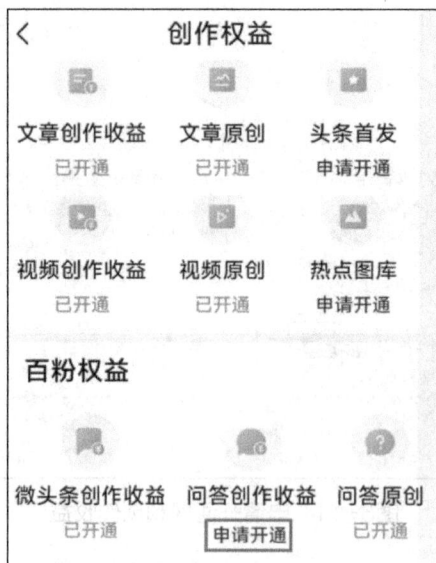

图8-13　申请开通问答创作收益

已开通问答创作收益的创作者可通过今日头条 App 和 PC 端头条号后台发布回答来获得问答创作收益。

8.3　小红书营销

作为一个社区分享式的线上购物平台，小红书凭借其真实化、多元化的社区氛围，在电商平台中杀出重围，并以其独树一帜的社区"种草"、社区购物、社区反馈的线上交易闭环吸引了大量用户和商家入驻。

8.3.1　小红书推荐机制

小红书的算法机制包括两个方面：推荐机制和权重机制。和其他短视频平台有所不同的是，小红书在对内容进行推荐之前有一个额外的环节——收录，只有被小红书平台成功收录的笔记才有可能获得推荐，反之则是无法进入推荐环节的。

小红书推荐机制包括以下几个方面。

（1）用户画像：小红书会根据用户的性别、年龄、地域等基本信息，以及用户的浏览、点赞、收藏、评论、分享等行为数据，建立用户画像，以更好地了解用户的兴趣和偏好。

（2）推荐算法：小红书采用多种推荐算法，如协同过滤、内容相似度、用户行为预测等，来分析用户行为数据，进而推荐与用户兴趣相关的内容。

（3）标签系统：小红书对内容进行了全面的标签化，包括用户标签、商品标签、主题标签等，通过标签系统来实现内容的分类和推荐。

（4）人工审核：小红书还配备了专业的运营和编辑团队，对内容进行人工审核和筛选，以保证内容的质量和合规性。

8.3.2 商品笔记关键要素

在小红书上,博主通过图文或视频的方式记录、分享自己的生活,并在这个过程中吸引用户,同时把这些用户转化为消费者,帮助自己实现变现。内容做得越好,吸引到的粉丝越多、越忠诚,博主实现变现的可能性也就越大。做好小红书营销的核心就是要持续创作优质的商品笔记。小红书商品笔记的关键要素包括标题、正文文案、图片、话题、发布时间,如图8-14所示。

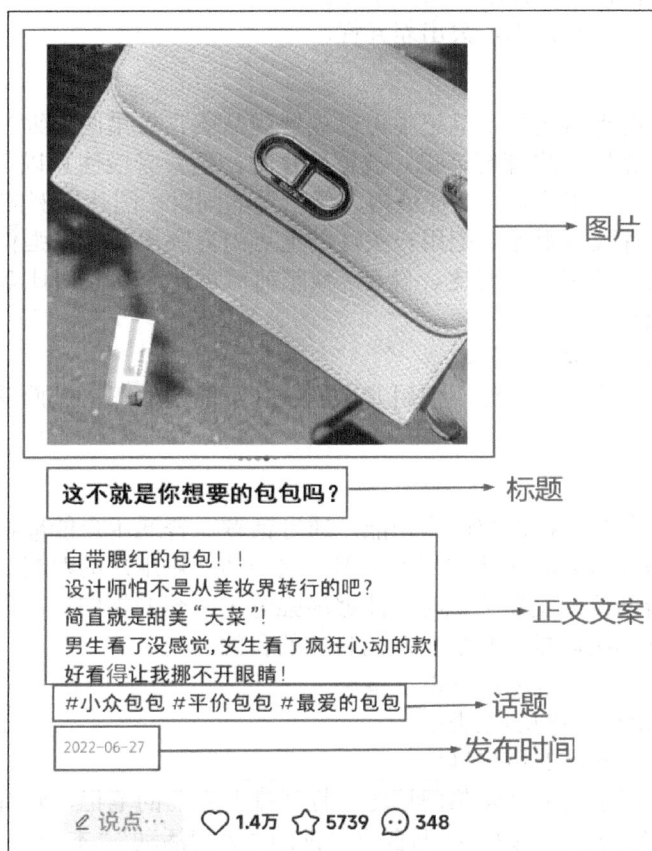

图8-14 商品笔记的关键要素

1. 标题

对于小红书账号的运营者来说,想要成功打造出一篇"爆款"笔记,标题的重要性不言而喻。一个亮眼的标题不仅能够吸引用户的目光,促使用户点击查看详情,还能获取平台流量。没有一个足够亮眼、吸睛的标题,就无法吸引用户点击查看笔记详情,即便内容质量高,笔记也难以成为"爆款"。要想写出亮眼、吸睛的标题,运营者可以从以下几个方面着手。

(1)击中用户痛点。

(2)引起用户情感共鸣。

(3)巧用疑问句、感叹句。

(4)巧用数字和表情。

(5)引入热点。

2．正文文案

对标题有所了解之后，下一步学习如何创作出高质量的正文文案。好内容离不开好正文文案，要做好内容，文字表达功底是基础。想要创作出优质的笔记正文，运营者可以从以下几个方面着手。

（1）确定好正文的整体框架。

（2）在内容排版上下功夫，确保整体看上去简约、美观。

（3）注意关键词的设置。

（4）展示商品详情内容，描述可信、不夸大。

（5）分享核心卖点、利益点，突出差异性。

3．图片

图片是商品笔记的点睛之笔，笔记中可以放置商品图、效果图、细节图等。图片可以让笔记变得更加生动，帮助用户理解笔记。放置图片时，运营者应注意以下事项。

（1）一般使用 6 ～ 9 张图片，在保证内容显示量的同时，图片比例应为 3：4 或 1：1。

（2）用醒目的图片吸引眼球，把用户关注的重点内容突出展示，强化商品效果。

（3）可以通过商品使用前后对比、健身 / 减肥前后对比、穿衣对比等图片，给用户以视觉冲击，吸引用户眼球。

（4）展示商品细节，提高转化率。

（5）小红书强调内容的原创性，使用非原创图片可能会侵权，进而受到严重的惩罚，例如封号等。

4．话题

话题是小红书开发的一种内容创作功能，通过话题，普通用户能够根据自身需求精准定位感兴趣的内容，增加对商品的认知程度，因此这一功能对用户的购买行为具有较强的影响力。同时，运营者借助话题发布笔记时，能够增强笔记内容的指向性，提高笔记被搜索到的可能性，从而达到增加阅读量、吸引更多的粉丝的目的。

使用话题功能时，运营者应注意以下事项。

（1）在话题中添加商品的功能类型。

（2）在话题中添加商品的用户群体。

（3）通过小红书搜索功能搜索热门话题，打开排名靠前的笔记，查看笔记底部的话题。

（4）添加小红书官方话题，如小红书官方主推的"热门活动""本周热点""经典话题"等。

5．发布时间

观察同类商品"爆款"笔记的发布时间，寻找规律并记录。一般在以下时间段平台用户的活跃度较高，运营者可以选择在这些时间段发布笔记。

（1）8:00—10:00。

（2）12:00—13:00。

（3）17:30—19:00。

（4）20:00—22:30。

8.3.3 查找平台热点关键词

关键词能让用户更快地搜索到自己想要的内容，同时定位笔记受众，将笔记更精准地推荐给用户。笔记关键词和用户在搜索时用到的词匹配度越高，笔记被搜索到的可能性就越大。优质的内容再辅以关键词布局、强化，随着时间的推移，笔记成为"爆款"的概率很大。

热点关键词主要通过搜索结果页、搜索发现、笔记灵感、"爆款"笔记、评论区留言等途径找到。

（1）搜索结果页。在小红书搜索结果页会出现很多总结性的近期热点关键词，运营者可以根据需要提取关键词，并将其运用到自己的笔记中。如果笔记内容是跟旅游有关的，那么可以在搜索栏中输入"旅游"，然后在搜索结果页中查看排名靠前的笔记的关键词，如图8-15所示。

（2）搜索发现。运营者可通过小红书自带的"搜索发现"来获取热点关键词，了解小红书用户当前关注的内容，捕捉热点话题，如图8-16所示。

图8-15 搜索结果页

图8-16 搜索发现

（3）笔记灵感。登录小红书账号，点击"我"然后点击左上角的☰图标，选择"创作中心"选项，如图8-17所示；进入"创作中心"界面找到"笔记灵感"，找到不同类目笔记的热点关键词，如图8-18所示；根据自己的账号定位选择合适的关键词，可能会获得免费流量。

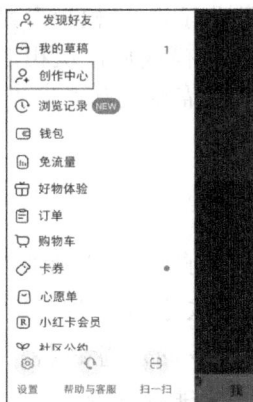

图8-17 选择"创作中心"选项

图8-18 通过笔记灵感获取热点关键词

（4）"爆款"笔记。在小红书查看"爆款"笔记，也可以获取热点关键词，如图8-19所示。在发布笔记时加入相应热点关键词，可提高笔记变成"爆款"的概率。

（5）评论区留言。关注笔记评论区用户的留言，如图8-20所示，根据留言找到用户近期关注的热点话题，发布相关笔记以吸引用户。

图8-19 利用"爆款"笔记获取热点关键词

图8-20 评论区留言

8.3.4 商品笔记发布

小红书对笔记内容没有过多的限制，发布笔记时的操作也十分简单。一般来说，发布笔记的具体操作步骤如下。

（1）打开小红书App，点击界面正下方红色的"+"按钮进入发布笔记界面。进入该界面后可以看到有5个可选项，分别是"拍照""商品""相册""模板""直播"，如图8-21所示。

其中，除了"直播"和"商品"选项，其余都和发布笔记有关。"模板"是平台为运营者提供的视频模板，有多种风格和主题可以选择。运营者选定模板后，从相册导入素材即可自动生成视频。"相册"是打开发布笔记界面后的默认选项，需要运营者事先准备好素材，选定后即可进入下一步。

> **小提示**
>
> 除了用提前准备好的素材外，运营者还可使用平台自带的"拍照"功能，该功能下提供了很多模板，后续可用于剪辑或编辑。相较于从"相册"导入的视频或图片，从平台上直接拍摄后上传的内容会得到更多的流量扶持，但是这对运营者的要求比较高，运营者可以根据自己的实际情况进行选择。

（2）选择好素材之后，点击"下一步"按钮，如图 8-22 所示。

图8-21 发布笔记界面

图8-22 选择素材

（3）在打开的界面中，运营者可以对素材进行调整，可以添加滤镜、音乐、文字、贴纸、模板、美颜效果等，操作完成之后即可点击"下一步"按钮，如图 8-23 所示。小红书在发布笔记板块设置的功能非常丰富，除了视频模板外，还提供了很多不同风格、不同主题的图文模板，如图 8-24 所示。运营者可根据实际情况进行选择。

图8-23 对素材进行调整

图8-24 图文模板

（4）素材调整完成之后，即进入添加标题和正文的环节，而且可以添加话题、@某位用户、添加地点等，如图8-25所示。待内容全部编辑完成后，点击"存草稿"按钮可以保存笔记，或者直接点击"发布笔记"按钮，待平台审核无误后即可成功发布笔记，如图8-26所示。

图8-25　添加标题和正文

图8-26　成功发布笔记

> **小提示** ▶▶▶▶▶▶ ▼
>
> 　　添加正文时加入话题或@某位用户，可以增强内容的联结属性，在一定程度上可以增加笔记的曝光量，帮助笔记获得更多的流量。添加地点的功能，对于那些想要通过线上宣传来为线下店铺引流的运营者而言是非常有利的。

8.4　微博营销

微博营销以微博为营销平台，将每一个用户当作潜在营销对象，企业通过更新自己的微博内容向用户传播企业信息、商品信息，树立良好的企业形象和商品形象。

8.4.1　微博营销方法

微博营销是目前很火的一种新媒体营销方式，其实用价值和潜力巨大。微博具有极快的传播速度，因而可以为企业营销提供很大的助力。很多企业和个人利用微博进行营销，那么，微博营销有哪些方法呢？

1．关注竞争对手动态

微博营销者要多关注竞争对手的动态，设法从竞争对手那里发现目标用户。例如，微博营销者可以直接关注竞争对手的微博，多与其粉丝进行互动，抓住机会将竞争对手的粉丝转化成自己的用户。

2．关注相关热点话题

微博营销者平时要多关注与自己的商品相关的热点话题，然后留意跟自己一样关注这些话题的人。这些人往往都是潜在用户，微博营销者应尝试与他们取得联系并建立友好关系，这样就可以获得一批目标用户。

3．利用微博相册推广商品

微博营销者可以将商品图片上传到微博相册，并为每张图片添加 Logo，以吸引用户注意。微博相册中可添加一些商品图片和促销广告图片。浏览微博相册的人多了，商品曝光率自然就高了。图 8-27 所示为利用微博相册推广商品。

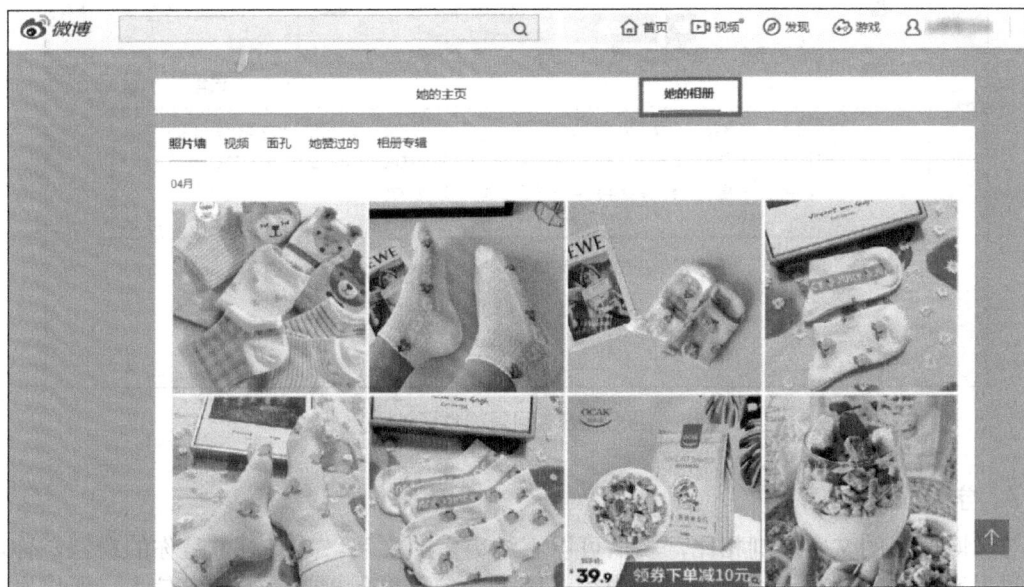

图8-27　利用微博相册推广商品

4．参与互动交流

微博营销者要多参与微博互动，找到相关行业的热门微博，观察转发和评论该微博的人，从这些人入手同样可以获得目标用户。微博营销者平时可以多发表一些积极向上的评论，在和用户的关系较为稳固后，就可以将新的商品信息或优惠活动信息发送给他们，从而建立起长期的互动关系。

5．定期更新微博信息

微博的热度和关注度来自微博的可持续话题，微博营销者只有不断制造新的话题，发布与企业相关的信息，才有可能吸引目标用户的关注。微博营销者要想吸引用户长期关注，必须定期更新微博内容，这样才能保证微博营销的可持续发展。

6. 善于回复粉丝的评论

微博营销者要经常查看自己粉丝的评论，并积极和粉丝互动，拉近和粉丝之间的距离。如果微博营销者想获取更多评论，就要以积极的态度去对待评论，回复评论也是对粉丝的一种尊重。图8-28所示为回复粉丝评论。

图8-28　回复粉丝评论

7. 学会使用私信

与微博信息的文字限制相比，私信可以容纳更多的文字。只要对方是你的粉丝，你就可以通过发私信的方式传递给对方更多内容。因为私信可以保护收信人和发信人，所以举办活动时，发私信的方式会显得更尊重粉丝。

8.4.2　微博营销文案写作技巧

对于企业来说，微博营销文案的好坏在很大程度上能够决定营销的成败，因而写作微博营销文案是一件不容忽视的事情。那么微博营销文案有哪些写作技巧呢？

1. 把握时机

微博营销者需要利用热点事件来写作微博营销文案，以快速提高热度和获得关注。因此，微博营销者需要在第一时间找准营销内容与热点事件的关联，将热点事件的核心点、商品或品牌的诉求点、用户的关注点三者结合起来进行创作。另外，以热点事件作为切入点的微博营销文案，其写作和发布都应该在热点事件发生后24小时内完成。

2. 微博内容的原创性

一条热门原创微博的发布者和话题中的人物很容易被人们记住，所以微博营销者要尝试做原创的人，而不是转发话题的人。现在，原创内容的知识产权越来越受到重视，微博营销者不能抄袭他人的微博内容。

3. 植入广告需要技巧

微博营销者在撰写微博营销文案时，措辞要含蓄，尽可能把广告嵌入有价值的内容当中。这样既能起到宣传商品的作用，又能为粉丝提供有价值的内容而不会让粉丝厌恶。这样的广告具有一定的隐蔽性，所以转发率更高，营销效果也更好。例如，生活中的小技巧、免费的资源、有趣的事等，都可以成为广告的植入对象。

4. 善用粉丝评论

微博营销者通过查看粉丝评论的内容，可以探索粉丝的喜好，并据此进行微博营销文案的写作。

5. 注意导语的作用

导语经常出现在一些内容较多的微博营销文案中，好的导语可以通过简短的描述快速体现文案的主要内容，吸引用户的注意力，使其对文案内容产生强烈的阅读欲望，并引导用户点击阅读正文内容。导语写作需要遵守以下原则。

（1）简洁。微博营销者应尽量使用简单明了的语言，让用户能够快速理解文案所传达的信息。

（2）符合主题。导语是对正文内容的引导性叙述和概括，要与文案的主题一致。

（3）风格多样化。导语需要让用户在阅读后产生融入感和阅读正文的欲望，因此微博营销者可以利用多种修辞手法来提高导语的生动性，也可以添加一些流行语来拉近与用户之间的距离，尽可能吸引用户的关注。

技能实训——通过发布微博头条文章营销

通过发布微博头条文章营销，需要创作好标题、正文内容。本实训介绍如何通过发布微博头条文章营销，具体操作步骤如下。

（1）进入微博官方网站，单击"立即登录"按钮（未注册的需要先注册），如图8-29所示。

图8-29 单击"立即登录"按钮

（2）在账号登录页面中输入账号和密码，并单击"登录"按钮，如图 8-30 所示。

图8-30　账号登录

（3）进入个人微博页面，单击"头条文章"，如图 8-31 所示。

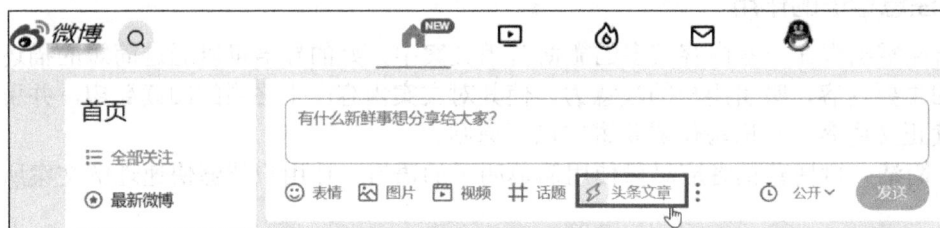

图8-31　单击"头条文章"

（4）编辑文章内容，包括输入标题、输入正文、设置封面等，"其他设置"默认选中"仅粉丝阅读全文"，如图 8-32 所示。

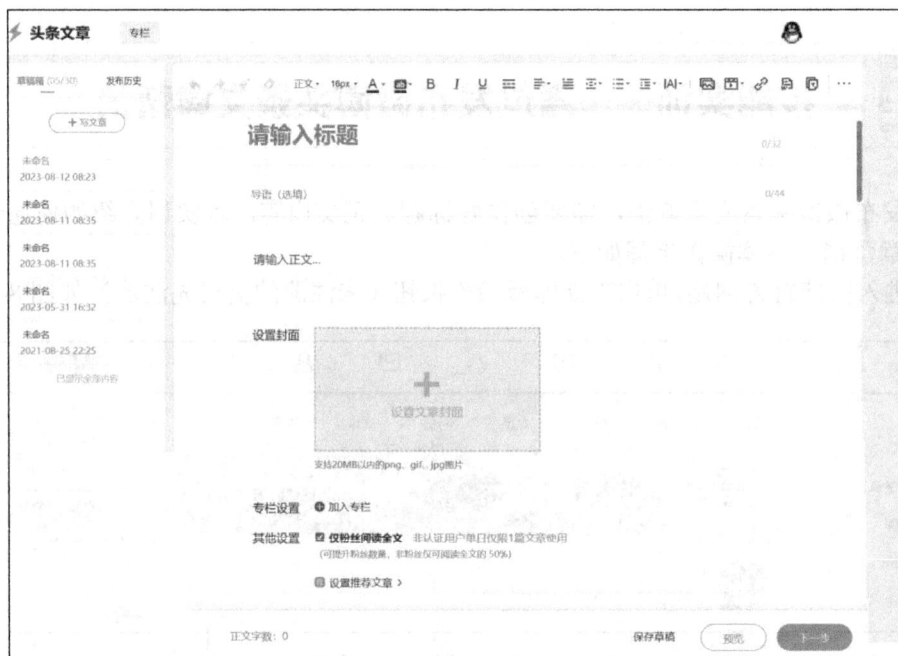

图8-32　编辑文章内容

微博头条文章的标题应该尽量简练，应能够快速吸引用户的好奇心和阅读欲望，将文章能够提供给用户的价值直接表达出来。

导语是以简短的句子突出最重要、最富有个性的事实，提示微博头条文章要旨，吸引用户阅读全文的开头部分。其目的就是把全文最精彩的部分简要地呈现出来。

正文是微博头条文章的主体，必须是有价值的内容。微博营销者借助文章正文，不仅可以发布品牌或商品信息，还可以发布活动信息、直播信息等。

封面是对微博头条文章内容的简要说明和体现，有创意和视觉冲击力强的图片可以快速吸引用户关注，让用户暂时集中注意力在封面上，并产生进一步阅读的欲望。同时，封面也要体现出文章的主题。

最后发布文章时，还可以插入一些热门话题。话题以"#……#"的标签形式出现。只要文章打上了话题标签，当目标用户搜索某话题时，带有该话题标签的文章就会出现在搜索结果中，这样可以提高营销的精准度。

（5）微博头条文章中能插入图片，如图 8-33 所示。与纯文字的短微博相比，图文结合的微博头条文章更加符合用户的阅读特性，且应用范围更广。

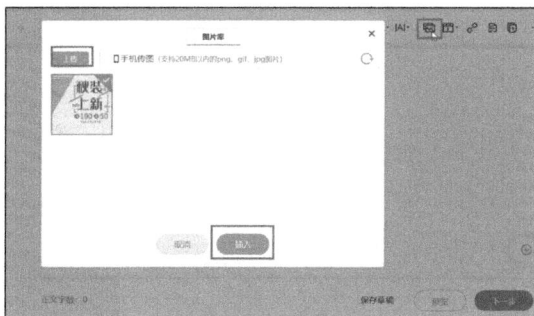

图8-33 插入图片

（6）微博头条文章中能插入作者卡、插入电影、插入视频、插入商品、插入专栏、插入内容等，如图 8-34 所示。设置好后单击"下一步"按钮就可以发布文章了。

图8-34 可插入选项

思考与练习

一、填空题

1. _____ 多种多样，包括文字、图片、视频、语音等。

2. _____ 是通过打造有价值的内容，吸引用户进行互动的一种营销手段。

3. 今日头条一般以广告的形式进行营销和推广，主要包括 _____、_____，以及内容中植入的 _____ 等。

4. 今日头条的审核机制包括 _____、_____，以 _____ 为主、_____ 为辅。

5. 小红书的算法机制包括两个方面：_____ 和 _____。

二、简答题

1. 什么是内容营销？内容营销有哪些特点？

2. 内容营销实施步骤是怎样的？

3. 哪些因素有助于提高头条号文章的推荐量？

4. 小红书推荐机制包括哪几个方面？

5. 微博营销有哪些方法？

第9章

其他新媒体营销方式

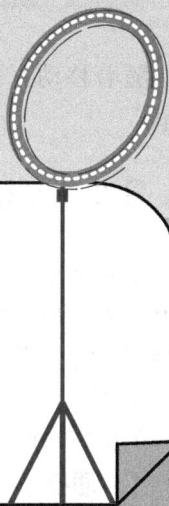

随着智能手机的进一步普及，如今App也是企业营销必备的渠道。App的作用是提供更好的服务，提升用户体验，App改变了人们的生活，也改变了企业营销方式。在移动端软硬件技术不断发展的现在，移动互联网与现实生活之间的联系越来越紧密，连接线上与线下的O2O营销更是对我们的工作与生活产生了深远的影响。

- 了解App营销
- 了解O2O营销的基本概念
- 熟练掌握App营销策略和App推广渠道
- 熟练掌握O2O营销模式和常见O2O营销平台
- 熟练掌握二维码商业应用模式
- 能识别和防范网络传销

9.1 App营销与运营

随着移动互联网的发展和智能手机的普及，App 迅速发展，几乎每个人的手机上都有App。

9.1.1 认识App营销

App 主要是指智能手机的第三方应用程序，统称"移动应用"，也称"手机客户端"。图 9-1 所示为手机淘宝 App 界面。App 安装方便、操作简单，再加上包含图片、文字、视频、音频等元素，娱乐性强，所以受到了广大智能手机用户的欢迎。未来 App 营销有望成为企业的标配。

App 营销的特点如下。

1. 便捷

随着电商的火爆，各大电商平台主推移动端购物，大都看中了 App 营销的便捷性。用户只需下载各大电商平台的App，就可以浏览商品，随时下单购买。平台商家通过与用户交流，及时了解用户的需求，有针对性地调整营销策略。图 9-2 所示为便于购物的 App 界面。

2. 精准

商家通过 App 营销可以掌握用户购物喜好，精准投放广告，让广告效果最大化。

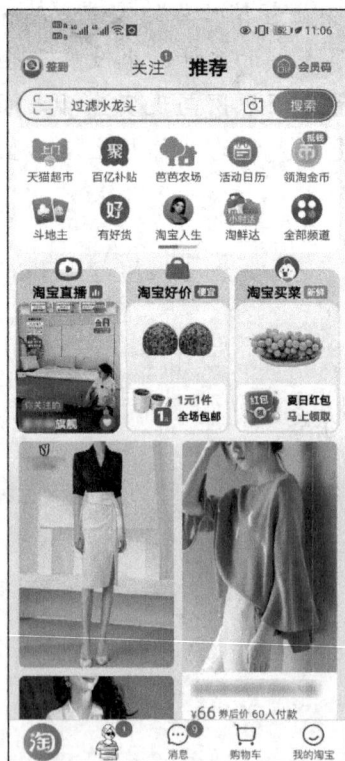

图9-1　手机淘宝App界面

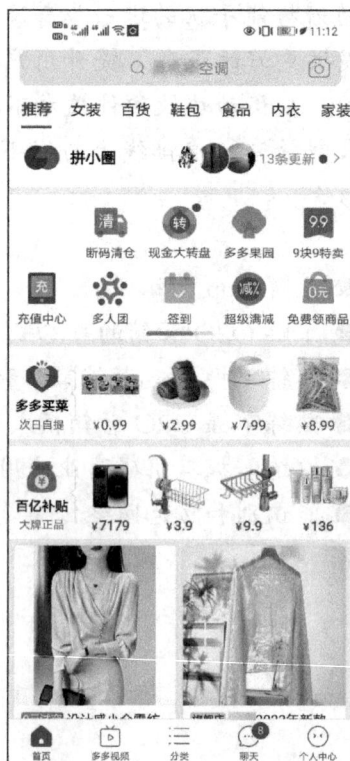

图9-2　便于购物的App界面

App 广告可实现基于终端、时空、行为、兴趣四维定向的精准投放，使商家可随时随地获取所需要的信息。

精准营销是今日头条迅速成为移动互联网新贵的重要原因之一。今日头条允许用户通过 QQ、微信、微博等社交账号登录今日头条，其目的是通过获取用户的基本资料，如年龄、性别、职业等，以及社交行为来分析用户的行为习惯、爱好、兴趣等。今日头条 App 凭借直观的用户界面、丰富多彩的内容，备受用户好评，自然也深受广告主青睐。例如，天猫在今日头条 App 上发布的"天猫年货节'爆款'年货 买就返红包"广告就赢得了目标用户的高度关注，如图 9-3 所示。

该广告的形式很简单：用户打开今日头条 App 时自动播放广告，点击广告则直接跳转到天猫 App。对有相关需求的用户而言，这正是其感兴趣的内容；对没有需求的用户来说，这则短小的广告也不太影响其浏览新闻。

3. 个性化

个体需求的差异化促使 App 设计的个性化。App 集个性化设计、多样化产品展示方式、丰富的娱乐互动功能于一体，是开展个性化营销的好选择。能否满足用户的个性化需求已经是 App 能否从众多同质 App 中脱颖而出的重要因素。

图9-3 天猫在今日头条App上发布的广告

9.1.2 App运营

一款成功的 App，开发只是第一步，比开发更难的是后续的运营和推广。App 运营体系主要包括内容运营、活动运营、用户运营和渠道运营等。

1. 内容运营

内容运营是指通过创造、编辑、组织 App 内容，提升 App 的内容价值。好的内容能够提升 App 的价值，增强用户的黏性，并且能够活跃用户。高质量的内容能够对运营的效果产生巨大的影响。

图 9-4 所示为特来电 App 的内容。特来电 App 是一款专业电动汽车充电服务平台，车主可以利用该 App 快速地查询附近的充电桩并进行路线导航。另外，特来电 App 还包含了启动充电、结束充电、充值、查看账户信息和充电信息等功能，内容非常丰富和实用。

小提示 >>>>>>> ▽

要想做好 App 内容运营，需要做到以下两步。

（1）内容框架搭建：在 App 上线之前对 App 进行内容填充。

（2）持续地推送内容：建立持续推送机制，了解推送的内容是否受用户喜欢、是否对用户有帮助。

2. 活动运营

App 的活动运营更多是针对用户的促销活动，是为了活跃用户、增加用户的停留时长。在 App 中进行活动投放是很常见的，常见的投放位置有 App 启动页、Banner 广告位等。进行活动投放的时候一定要在明显的位置展示活动。图 9-5 所示为在 App 首页顶部投放的"免费领！188 元新人红包"活动。

图9-4　特来电App的内容

图9-5　在App首页顶部投放的活动

当用户打开 App 之后，首先显示启动页广告；进入 App 首页后，Banner 广告位通过好的文案吸引用户。

很多人在进行 App 活动运营时做了大量的工作，但为什么最后流量还是损失了很多？最大的原因是没有做到精准化活动推送。例如，本次活动针对的是女性用户，那么如果采取撒网式的推送，男性用户可能感觉内容与其无关，也许就会对 App 产生不好的印象，比较直接的结果就是卸载 App。因此在活动运营中做到精准化活动推送是非常重要的。

3. 用户运营

App 用户运营主要就是通过分析用户拉新、留存、转化（营收）等用户数据指标，并依托用户需求，制定各种运营策略去提高用户数据指标。用户运营的最终目的是提高用户留存率，实现用户变现。

例如，App 开发签到功能，主要目的是增强用户的黏性。用户签到完毕，一般会得到相应的奖励。每签到一天，可获取的金额为 1 元，连续签到 10 天，可获取相应的金额，但是只要有一天漏签，之前签到的记录就会清零。签到功能提高了 App 的打开率，用户打开了 App，看到了心仪的优惠活动，也就会自然而然地下单。图 9-6 所示为用户签到界面。

4. 渠道运营

渠道运营是指通过渠道推广 App，达到品牌曝光、获取流量和资源的效果。运营人员可以通过不同的渠道运营手段带来更多的 App 下载量，比较常用的渠道有免费、付费渠道之分。

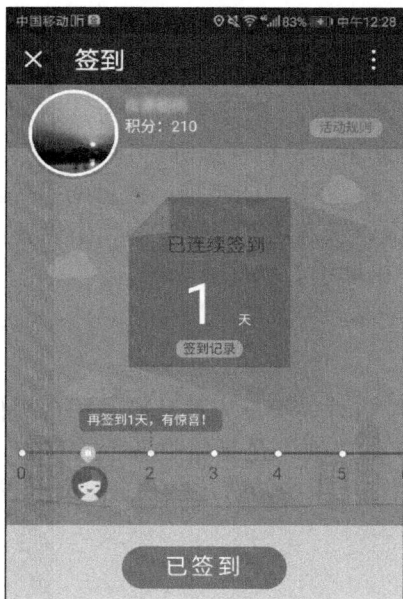

图9-6 用户签到界面

9.1.3 App营销策略

企业利用 App 进行营销可以采取以下几种策略。

1. 品牌与生活相结合

所谓品牌与生活相结合，就是从用户的生活细节入手，狠抓每个细节的实用性，进而植入商品信息，使用户的日常生活和 App 结合起来。

2. 商品体验与游戏相结合

企业可以将自己商品的特征、体验形式和 App 相结合，利用个性化定制营销达到传播效果。例如，宜家就推出过一款 App，把自己的商品做成图片，用户可以自定义家居布局，还可以把自己制作的布局放到 App 上，通过投票选出最受欢迎者，并以此得到奖励。

3. 实现商品或服务的个性化定制

将商品或服务的每个细节通过 App 实现个性化定制。例如，服装搭配类 App 支持用户随意搭配上装及下装的款式、颜色和尺寸，用极大的自由度来引起用户的兴趣，以达到推广品牌的效果。

4. 线上线下联动

通过给线下商品的活动、广告等设置二维码并把它放到 App 上，企业就可以使线上线下联动，从而解决线下用户活跃度不足的问题。

9.1.4 App推广渠道

好的推广是产品成功的关键。常见的 App 推广渠道有以下几种。

1. 基础线上渠道

基础线上渠道常见的有以下几种。

（1）安卓渠道：百度、腾讯、360、阿里系、华为、小米、联想、酷派、OPPO、vivo、豌豆荚、安智、PP助手、刷机助手、手机管家等。

（2）iOS渠道：App Store、91助手、同步推、爱思助手等。

（3）运营商渠道：MM社区、沃商店、天翼空间、华为智汇云、腾讯应用中心等。

（4）PC端：百度应用、手机助手、软件管家等。

（5）Web下载站：天空、华军、非凡等。

2. 积分墙

积分墙是除广告条、插屏广告外，第三方移动广告平台提供给应用开发者的另一种新型移动广告盈利模式。"积分墙"的"墙"是指集中展示的广告，而"积分"就是指用户通过点击广告得到一定的积分，然后在应用中消费这些积分。而开发者也通过用户对广告的点击，从广告商处得到广告费。

3. 广告平台

在广告平台投放广告对App增加流量、提高知名度都很有效，但成本较高。投放广告是需要花大价钱的，尤其是那些知名的互联网平台和流量超大的门户网站。

4. 手机厂商预装

怎样才能让App成为手机的原始配套应用？这需要你和手机厂商合作，让手机在生产出来的时候就预装你的应用。这种方式用户转化率高，是最直接的发展用户的一种方式。但是用户起量周期也比较长，毕竟从与手机厂商合作到手机新品上市，一般有3～5个月的时间。这种推广方式移动广告联盟也可以完成。

5. 地推

地推人员每天在目标用户集中的地方采取安装App送礼品的形式推广，这种推广形式非常精准，也非常有效，但费时费力。

素质课堂 ⌄

2022年7月18日，株洲市市场监督管理局对湖南某健康管理有限公司组织策划传销的违法行为做出没收违法所得7.3余万元，罚款100万元的行政处罚。经查，当事人利用App销售非自产商品，自2021年5月21日开始，通过制定奖励制度诱使网友参与，并发展会员。当事人通过App发展的会员达到508人，最大层级数为三级。当事人组织、策划传销的涉案金额为229.19万元，违法所得为7.3余万元。该行为违反《禁止传销条例》第七条的有关规定，株洲市市场监督管理局依法对当事人做出行政处罚。

通过App以网络营销、网购等为名，变相收取入门费，并设定各种奖励方式，激励会员发展下线的传销行为，具有很强的欺骗性及诱惑性，广大用户一定要注意甄别，避免财产损失。

9.2 O2O营销

O2O营销模式的关键是在线上寻找用户，然后将他们带到线下的实体店中，实现线上引流、线下购买。

9.2.1 O2O营销的基本概念

线上到线下（Online to Offline，O2O）营销是指将线下的商务机会与互联网预订等方式结合，把线下商店的消息推送给线上的用户，从而将线上的用户转化为线下的用户，这种营销模式特别适合必须到店消费的商品或服务，如珠宝、餐饮、健身、美容美发、摄影等。大家熟悉的美团、饿了么等采用的就是典型的O2O营销模式，如图9-7和图9-8所示。

图9-7 美团

图9-8 饿了么

适合O2O营销的行业有哪些呢？

1. 用户比较成熟的行业

行业的用户比较成熟是做O2O营销的基础。用户是否成熟是指用户在消费前会不会上网查询信息，这些信息又会在多大程度上影响他们的决策。

2. 商家较成熟的行业

行业的商家是否成熟直接决定了线下推广的难度。做过 O2O 营销的人知道，相较于获取用户，更难的是争取实体店的商家。用户通常通过引流就可以获取，而商家则需要一家一家地谈。

3. 需求较旺盛的行业

只有需求比较旺盛的行业才有更大的盈利空间。

4. 规模大的行业

只有规模大的行业才有更大的发展空间。例如，吃饭是每个人的刚需，餐饮行业的市场足够大，这才有了美团外卖、饿了么等平台。

9.2.2 O2O营销模式

O2O 营销模式具有连接线上与线下的特点，而 App 也具有相似功能。这就说明 App 具有使用 O2O 营销模式的优势，而 O2O 营销模式在移动端则具备非常广阔的应用前景。O2O 营销模式主要有以下几种。

1. 优惠模式

优惠模式是一种应用范围广、成效十分显著的营销模式。商家通常会将商品采取打折、赠送赠品等优惠促销，以吸引用户购买。图 9-9 所示为优惠模式。

图9-9　优惠模式

2. 积分模式

积分模式是一种较为先进的商务运营手段，它在 O2O 营销中也很适用。其具体应用方法包括购物送积分、宣传送积分、推荐送积分等。

购物送积分是指用户只要进入商家的店铺并产生购物行为，就可以获得用于兑换商品的积分。这种策略不但可以促使犹豫不决的用户打消顾虑，产生购买行为，还可以促使他们重复购买。

宣传送积分是指一旦用户对商品或店铺进行宣传推广，商家就赠送积分。例如，用户在微信朋友圈分享商品的照片，商家就赠送激励积分，以此来促使更多用户进行裂变式传播。

推荐送积分是针对一些购买过商品的老用户的，商家可以利用积分换推荐的方式，促使他们成为商家的推销人员，在其圈子中推荐商品，进而为商家带来新用户。

3. 返利模式

返利模式的重点在于现金返利，这是一种很容易激发用户兴趣的营销模式。具体方式是引导用户开展商品推荐活动，每当其带来一个新用户并成交时，就将商品利润按照一定比例分给用户。这种做法会在很大程度上激发用户推荐商品的积极性。

4. 信息分享模式

为用户提供及时、全面的线上商品或服务信息，并通过引导措施将他们从线上吸引到线下体验店，最后让他们通过线上支付的方式产生购买行为，这是O2O营销模式的重要特征之一。这一模式的重点在于信息分享，所以，为用户提供真实、有效、精准的线上商品或服务信息，是商家开展经营活动的重要保障。

5. 推荐服务模式

推荐服务模式，即商家先在服务平台上发布商品优惠信息，然后用户通过移动端基于位置服务（Location Based Service，LBS）推荐功能，得到离自己最近的店铺的信息，如果用户看到优惠信息并对优惠信息比较感兴趣，就很容易被吸引到该商家的店铺中进行消费。

9.2.3 常见O2O营销平台

常见的O2O营销平台有大众点评、美团、神州租车、携程旅游、每日优鲜等。下面介绍大众点评、美团、神州租车。

1. 大众点评

大众点评是本地生活信息及交易平台，它不仅为用户提供商户信息、消费点评及消费优惠等信息服务，同时提供团购、餐厅预订、外卖等O2O交易服务。在移动互联网时代，大众点评紧跟形势发展，推出了大众点评App，如图9-10所示。

如今智能手机的普及率极高，用户的消费信息、个人偏好等数据都可以通过移动端进行收集，从而方便商家在大量真实数据的基础上进行有效分析，做到精准营销。大众点评通过移动互联网，结合地理位置及用户的个性化消费需求，为用户随时随地提供美食、休闲娱乐等领域的商户信息、消费优惠以及发布消费评价的功能。

2. 美团

美团业务聚焦家庭消费场景，涵盖餐饮外卖、闪购、医

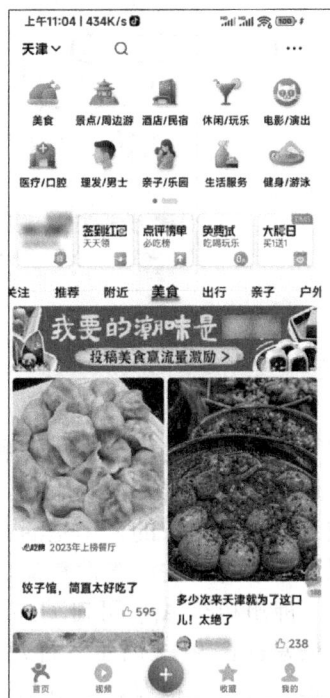

图9-10 大众点评App

药等业务，依托强大的即时配送网络，致力于实现"万物到家"。在"帮大家吃得更好，生活更好"的使命之下，美团和广大商户以及各类合作伙伴一起，致力于"把世界送到消费者手中"。美团不仅依托强大的实时配送网络，为消费者提供餐饮、商超、水果、鲜花、医药等多种品类的外卖配送服务，还为商家提供线上、线下的数字化经营方案，助力商家提高经营效率。图 9-11 所示为美团 App。

消费者可以通过美团 App 获取商家信息、商品价格、商品评价等，并进行在线预订或购买。这种线上线下的连接为消费者提供了更丰富的购物选择和更方便的消费体验，同时也为商家扩大了销售渠道和提高了曝光度。

图9-11　美团App

3. 神州租车

神州租车为用户提供短租、长租及融资租赁等专业化的汽车租赁服务，以及全国救援、异地还车等完善的配套服务。神州租车通过自有投资和合作的模式，业务覆盖汽车全产业链，成为新一代用户的无车生活共享平台，为广大用户提供更新、更全面的汽车生活服务，满足用户不断升级的汽车消费需求。

神州租车 App 可自动显示用户所在位置，并按照距离优先原则展示附近门店及可租车型信息。图 9-12 所示为神州租车 App，它提供多种价格的产品供用户选择。用户可帮他人下单、代付、担保。在用车过程中，用户可自助修改、取消订单。租车后如遇意外情况，用户在 App 上简单操作即可实现车辆出险、线上报案及换车等。

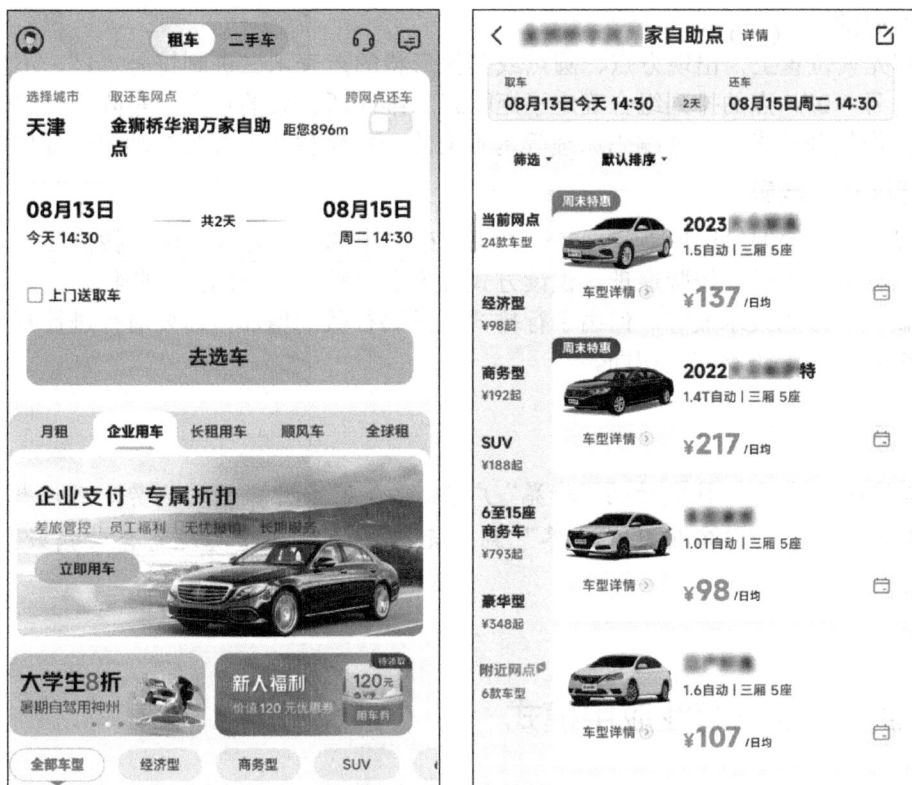

图9-12 神州租车App

9.3 二维码营销

二维码是一种较为常见的营销工具，具有很强的营销推广能力，很多商家都在利用二维码进行信息获取、广告推送、优惠促销等活动。

9.3.1 二维码基本定义及分类

二维码是用特定的几何图形按一定规律在平面（二维方向上）记录数据信息，它看上去像一个由双色图形组成的方形迷宫。二维码信息容量比普通条码的信息容量约高几十倍。同时，二维码的误码率不超过千万分之一，比普通条码低很多。

二维码营销像是让商家拥有了一家便捷的"移动商铺"。户外广告有面积的限制，平面媒体有版面的约束，电视广告则有时间的限制，而二维码由于具有相当大的信息容量，完全可以忽略这些制约因素，让用户在其感兴趣的时候，用手机扫描来获取内容。二维码主要有以下两种。

1. 矩阵式二维码

矩阵式二维码（又称棋盘式二维码）是在一个矩形空间通过黑、白像素在矩阵中的不同分布进行编码的。

在矩阵元素位置上，出现方点、圆点或其他形状的点表示二进制符号"1"，不出现点表示二进制符号"0"，点的排列组合确定了矩阵式二维码所代表的意义。矩阵式二维码是建立在计算机图像处理技术、组合编码原理等基础上的一种新型图形符号自动识读处理码制。

2. 行排式二维码

行排式二维码的编码原理是建立在一维码基础之上的，行排式二维码按需要堆积成两行或多行。其在编码设计、校验原理、识读方式等方面继承了一维码的一些特点，其识读设备和条码印刷与一维码技术兼容。但由于行排式二维码行数的增加，需要对行进行判定，其译码算法和软件与一维码不完全相同。

> **小提示** >>>>>>> ▼
>
> 二维码广告是一种成功的"跨界"广告，综合了多种媒体的优势。可以想象，未来二维码广告可以实现从"跨界"到"无界"的跳跃，实现整合营销效果的最大化。

9.3.2 二维码商业应用模式

二维码的商业应用模式主要包括以下几个方面。

1. 网上购物，一扫即得

国内的二维码购物起源于1号店。目前国内很多城市的地铁里都有二维码商品墙。这些虚拟货架上陈列着各种日用品的精美图片，用户只要用智能手机扫描商品的二维码，就能轻松完成购物，真实的商品将由商家在约定时间送货上门。如果家里的米、面、油、沐浴露等用完了，只要对着商品的二维码扫一扫，马上可以查到哪里有商品促销、商品价格是多少。而且，通过二维码购物时，商品的二维码相当于商品的"身份证"，扫描后出现的商品真实有效，保障了购物安全。扫码购物的场景如图9-13所示。

图9-13　扫码购物的场景

2. 扫码打折、领红包

用户扫描二维码可享受打折、领红包等优惠活动，这是目前业内应用比较广泛的方式。例如，商家通过短信方式将电子优惠券、电子票发送到用户手机上，用户进行消费时，通过商家的识读终端验码，就可以得到优惠。扫码领红包的场景如图9-14所示。

3. 二维码收付款

微信和支付宝都支持二维码收付款，所有支付宝或微信用户均可免费领取收付款二维码。例如，用户只需使用移动端的扫码功能，扫描收款二维码，即可跳转至付款页面，付款成功后，收款人会收到短信及客户端消息通知。通过扫二维码可以快捷支付，避免了在银行排队取现金，也避免了商家找零钱的麻烦。扫码付款的场景如图9-15所示。

图9-14 扫码领红包的场景

4. 扫码实现延伸阅读

过去报纸、电视以及其他媒体上的内容限于媒体介质的特性，无法延伸阅读，但是二维码出现以后，突破了这种界限，实现了跨媒体阅读。例如，在报纸上某则新闻旁边放一个二维码，读者扫描后可以阅读更多的新闻信息，如采访录音、录像、图片等。又如，户外广告加印二维码，对广告感兴趣的用户只要用手机扫描二维码，即可快速了解更详细的内容，甚至与广告主互动，如图9-16所示。

图9-15 扫码付款的场景

图9-16 扫码实现延伸阅读

5. 二维码电子票务

火车票、景点门票、展会门票、演出门票、飞机票、电影票等，这些都可以通过二维码实现完全的电子化。例如，用户通过网络购票，完成网上支付，获得相应的二维码，验票者只需通过设备识读二维码，即可快速验票，大大降低了票务耗材和人工成本。

6. 商品二维码营销

商品二维码营销，即用户用手机扫描商品包装上的二维码，就能看到该商品的信息详情链接，点击链接，可以看到该商品的原产地、生产年份等信息。这让用户在选购时能够更加全面地了解商品的各项信息，可以更好地与品牌商互动，还可以准确辨识商品的真伪。

7. 二维码点餐

在二维码时代，用户用手机扫描一下餐饮店的二维码，能享受到更加个性化的服务，可以顺利地选择自己喜爱的菜品，还可以获得优惠信息。二维码点餐的场景如图9-17所示。

图9-17　扫描二维码点餐

8. 二维码就医一条龙

对患者而言，挂号是比较烦心的事。采用二维码挂号，患者可以通过移动端预约挂号，在预约时间前往医院直接取号，减少了排队挂号、候诊的时间。二维码不仅解决了挂号的问题，而且纳入看病、支付等环节后，可以实现看病、付款、取药一条龙服务，让患者不再重复排队。目前，很多城市的大医院已经采用了二维码挂号，医疗信息化水平大大提高，医院运转的效率也大大提高。

技能实训——生成商品二维码

中国商品信息服务平台是中国物品编码中心为了顺应目前数字化和标准化的趋势，基于计算机网络技术、全球统一编码标识系统而构建的标准化信息交换平台。通过中国商品信息服务平台生成商品二维码的具体操作步骤如下。

（1）登录中国商品信息服务平台官方网站首页，如果还不是网站会员，单击"注册"按钮，如图9-18所示。

图9-18　单击"注册"按钮

（2）进入会员注册页面，根据需要选择注册的类型，注册成为成员，如图9-19所示。

图9-19　注册成为成员

（3）注册成功后，登录中国商品信息服务平台，单击"立即申请条码"按钮，如图9-20所示。

图9-20　单击"立即申请条码"按钮

（4）接着进入"免责声明"页面，选中"接受"单选按钮后，单击"下一步"按钮，如图9-21所示。

图9-21　单击"下一步"按钮

171

（5）接着进行信息录入，如图9-22所示。随后进行资料上传、在线支付、等待审核等流程，审核完成后登录中国商品信息服务平台，自主填报商品信息并审核通过后，即可生成商品二维码。

图9-22　信息录入

思考与练习

一、填空题

1. App 运营体系主要包括 _____、_____、_____ 和 _____ 等。

2. _____ 是指通过创造、编辑、组织 App 内容，提高 App 的内容价值。

3. _____ 是指通过渠道推广 App，达到品牌曝光、获取流量和资源的效果。

4. 积分模式是一种较为先进的商务运营手段，它在 O2O 营销中也很适用。其具体应用方法包括 _____、_____、_____ 等。

5. _____ 是用特定的几何图形按一定规律在平面（二维方向上）记录数据信息，它看上去像一个由双色图形组成的方形迷宫。

二、简答题

1. 什么是 App 营销？App 营销有哪些特点？

2. App 营销策略有哪些？

3. 常见的 App 推广渠道有哪些？

4. 适合 O2O 营销的行业有哪些？

5. O2O 营销模式主要有哪些？

第10章
新媒体数据分析与应用

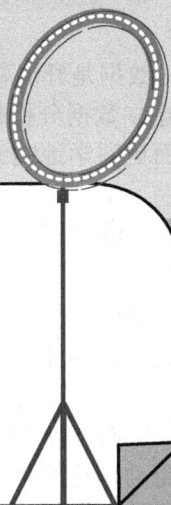

随着新媒体行业的发展，各个新媒体营销团队对新媒体的运营已经从过去的粗放式运营过渡到当前注重数据分析的精细化运营阶段。在大数据时代，只有做好数据分析的新媒体营销团队才能从激烈的市场竞争中脱颖而出。本章将介绍新媒体数据分析与应用方面的知识。

- 了解新媒体数据分析的意义和流程
- 了解新媒体数据分析指标和工具
- 熟练掌握微信公众号数据分析
- 熟练掌握短视频数据分析
- 熟练掌握直播数据分析
- 培养诚信品质

10.1 新媒体数据分析概述

数据是开展数据分析的前提。新媒体营销团队只有收集到足够多有价值的数据才能进一步建立数据分析模型，再通过分析数据发现数据背后隐藏的规律，得出有价值的分析结果，从而更科学地制订计划、更精准地评估新媒体营销效果。

10.1.1 新媒体数据分析的意义

数据分析就是收集数据后加以详细研究，提取有用信息，并形成结论的过程。本书所定义的"新媒体数据分析"是指在新媒体营销中，利用数据驱动业务决策，解决业务问题的思维方式和工作方法。

早期进行新媒体营销的企业比较少，随着进行新媒体营销的企业不断增加，只有通过数据驱动运营的企业才有可能脱颖而出。因此，新媒体数据分析对新媒体营销有着重要的作用。这也是新媒体营销团队必须学会进行数据分析的原因之一。新媒体数据分析的意义主要体现在以下4个方面。

1. 了解运营质量

通过新媒体数据分析，新媒体营销团队可以了解运营质量。新媒体运营的日常工作包括微信公众号推广、微博发布、今日头条推送、朋友圈推送、视频推广、直播分享、粉丝维护、社群运营、线上线下活动策划与组织等。这些工作是否有价值、是否能够有效实现营销目标，需要通过数据来了解与判断。

通过数据对比，新媒体营销团队可以发现问题所在，如标题没取好、图片没吸引力、内容不够优质、目标用户不在此平台活跃等，然后根据数据反映的问题，及时做出调整，避免掉粉。

对于运营数据，不同的平台关注点不同，目前大部分企业需要关注的运营数据包括流量数据、粉丝数据、阅读数据、转发与评论数据等。图10-1所示为今日头条核心数据。

图10-1 今日头条核心数据

2. 预测运营方向

运营方向一般由用户需求和自身优势综合决定。通过新媒体数据分析，新媒体营销团队可以预测运营方向。分析网民需求大数据有助于判断新媒体内容、活动是否要和网络热点结合。常见的行业大数据平台包括巨量算数、百度指数等。图 10-2 所示为百度指数，新媒体营销团队可以通过百度指数的数据来判断某个事件或话题的热度，进而判断此事件或话题的影响力。

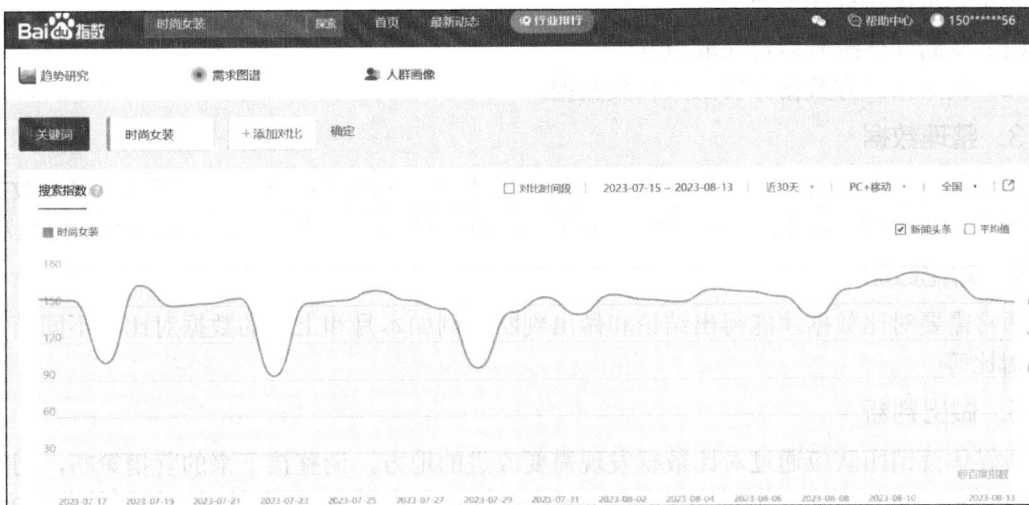

图10-2 百度指数

3. 控制运营成本

通过新媒体数据分析，新媒体营销团队可以控制运营成本。进行新媒体营销时，一方面需要关注销售额的增长及品牌价值的提升，另一方面需要时刻关注运营成本，尤其是广告成本。

将相同的内容投放于不同的渠道，可以通过分析不同渠道内容的推荐量和阅读量，判断目标用户集中地。将不同的内容投放于相同的渠道，可以了解目标用户的内容偏好，以便更集中地输出和优化内容，增强用户黏性。

4. 评估营销方案

通过数据评估营销方案也是新媒体营销工作中的重要一环。营销方案是新媒体营销团队根据以往经验制定的，在方案实施一段时间后，则需要通过数据对其进行评估。

一方面，分析结果数据，可以反推方案中目标的可行性；另一方面，分析过程数据，可以及时发现方案制定后在执行过程中遇到的问题，为下次制定营销方案提供参考。

10.1.2 新媒体数据分析的流程

新媒体营销团队可以按照以下流程进行新媒体数据分析，以便更加精准地挖掘与分析数据。

1. 确定目标

在获取数据之前，新媒体营销团队应该明确需要通过数据分析解决的目标问题，先确认核心目标是什么，再拆解关键指标。以微信公众号数据分析为例：确定好核心目标后，就可以对关键指标设定监控机制，如平均阅读量是 2 万次的微信公众号，如果当日阅读量低于 5 000 次，则作为异常情况上报，启动问题分析流程。

2. 收集数据

收集数据即根据数据分析的需要收集相关的数据，它是新媒体营销团队开展数据分析的一个必要环节，也是做好数据分析的基本保障工作。新媒体营销团队首先应根据核心指标构建数据分析指标体系，然后根据数据指标和数据分析目标收集数据。

收集新媒体数据的方式如下。

（1）从新媒体账号后台获取数据。

（2）使用第三方数据分析工具收集数据。

3. 整理数据

实际业务过程中会产生大量数据，因此新媒体营销团队要对数据进行整理。可将数据制作成图表，也可用 Excel 的公式及数据透视表功能对数据进行整理，整理后的数据更直观。

4. 对比数据

通常需要对比数据才能得出结论和做出判断，例如本月和上月的数据对比、不同商品的数据对比等。

5. 做出判断

新媒体营销团队应通过对比数据发现需要改进的地方，调整接下来的营销策略，同时还要持续对数据进行观测和记录，以验证问题是否得到有效解决，或者筛选出较优的营销方案。

10.1.3 新媒体数据分析指标

新媒体营销的效果需要依靠一系列的数据指标来衡量。新媒体数据分析指标对于企业在新媒体平台上的推广活动具有重要意义。下面将介绍几类新媒体数据分析指标。

1. 用户量指标

用户量指标是衡量企业在新媒体平台上的影响力的重要指标之一。这类指标主要包括页面浏览量、新增关注人数、累计关注人数等。表 10-1 所示为常用用户量指标。提高用户量是企业进行新媒体营销的一项重要任务。

2. 用户活跃度指标

用户活跃度指标主要衡量用户对企业在新媒体平台上发布的内容的参与程度。用户活跃度指标包括内容点赞量、内容评论量、内容转发量等。表 10-2 所示为常用用户活跃度指标。用户活跃度越高，说明用户对企业发布的内容越感兴趣。提高用户活跃度是企业进行新媒体营销的一个关键因素。

表 10-1　常用用户量指标

指标名称	指标说明
页面浏览量 （Page View，PV）	用户对网站中每个网页的每一次访问均被记录一次。用户对同一页面多次访问的访问量会被累计
独立访客 （Unique Visitor，UV）	一段时间内访问网站的总人数。同一访客的多次访问只记录为一个访客

续表

指标名称	指标说明
注册用户数	指已经注册的用户总数,是衡量拉新效果的结果指标
跳出率	用户只访问了入口页面(如网站首页)就离开的访问量与页面的总访问量的百分比
新增关注人数	新增关注账号的人数(不包括当天重复关注账号的用户)
取消关注人数	取消关注账号的人数(不包括当天重复取消关注账号的用户)
净增关注人数	新增关注账号的人数与取消关注账号的人数之差
累计关注人数	当前关注账号的总人数

表 10-2　常用用户活跃度指标

指标名称	指标说明
内容点赞量	新媒体账号发布的内容获得的点赞数。该指标反映了内容受欢迎的程度,内容的点赞量越高,说明用户越喜欢这些内容
内容评论量	新媒体账号发布的内容所获得的评论的数量。该指标反映了内容引发用户共鸣、关注和讨论的程度
内容转发量	新媒体账号发布的内容被分享的次数。该指标反映了内容的传播度,内容被转发的次数越多,所获得的曝光量就会越大
内容收藏量	新媒体账号发布的内容被收藏的次数。该指标反映了用户对内容的喜爱程度,体现了内容对用户的价值。用户在收藏某一内容后很可能会再次观看,从而增加内容的展现次数
内容点赞率	内容点赞率＝内容点赞量÷内容点击量×100%。该指标反映了内容受欢迎的程度,内容点赞率越高,所获得的推荐量就越大
内容评论率	内容评论率＝内容评论量÷内容点击量×100%。该指标反映了用户在浏览内容后进行互动的意愿
内容转发率	内容转发率＝内容转发量÷内容点击量×100%。该指标反映了用户在浏览内容后推荐、分享内容的欲望,通常内容转发率越高,为内容带来的流量越多
内容收藏率	内容收藏率＝内容收藏量÷内容点击量×100%。该指标反映了用户对内容的肯定程度

3. 内容展示数据指标

内容展示数据是最基础的数据之一,它的价值在于能清晰而直观地展示内容被点击、阅读的情况。常用内容展示数据指标包括内容点击量、内容平均点击量、内容点击率、在线时长、阅读完成率等,如表 10-3 所示。

表 10-3　常用内容展示数据指标

指标名称	指标说明
内容点击量	内容在某个时间段内被用户点击的总次数
内容平均点击量	某个时间段内新媒体账号中所有内容被点击的平均次数,计算公式:内容平均点击量＝账号所有内容总点击量÷账号内容数量

续表

指标名称	指标说明
内容点击率	新媒体账号发布的某个内容（如微信公众号文章、微博文章、短视频等）在某个时间段内点击量与内容送达人数的比值，计算公式：内容点击率 = 内容点击量 ÷ 内容送达人数 × 100%
在线时长	用户在一次登录、退出行为之间，阅读内容所花费的时间总和。如果用户在打开某个内容或进入某个新媒体账号后，在线时长非常短，说明该内容或该账号对该用户没有吸引力
阅读完成率	完整阅读某个内容的人数与点击该内容的人数的比值。该指标体现了内容的质量，一般来说内容的阅读完成率越高，说明内容的质量越高

10.1.4 新媒体数据分析工具

越来越多的企业和个人开始关注新媒体数据分析，以了解新媒体账号受众群体、优化营销策略和优化业务成果。在这个过程中，新媒体数据分析工具起到了至关重要的作用。因此新媒体营销团队必须掌握常用的新媒体数据分析工具。常用的新媒体数据分析工具共4类，包括网站分析工具、平台自带的数据分析工具、第三方数据分析工具及 Excel。

1. 网站分析工具

网站分析工具包括百度统计、站长工具、爱站网等，主要为网站运营者提供数据支持。网站站长可以在以上网站分析工具平台注册账号，然后申请统计代码，获取统计代码后，将统计代码粘贴至网站对应的位置，随后即可在网站分析工具平台查看与分析数据。

2. 平台自带的数据分析工具

平台自带的数据分析工具是使用难度最低的一类数据分析工具，使用者无须掌握分析函数或统计代码，可一键生成数据。无论微博、微信、抖音还是今日头条等平台，都具有完整的数据分析功能。

利用平台自带的数据分析工具，新媒体营销团队可以直观地看到用户增长、互动等方面的数据。图 10-3 所示为抖音平台自带的数据分析工具。

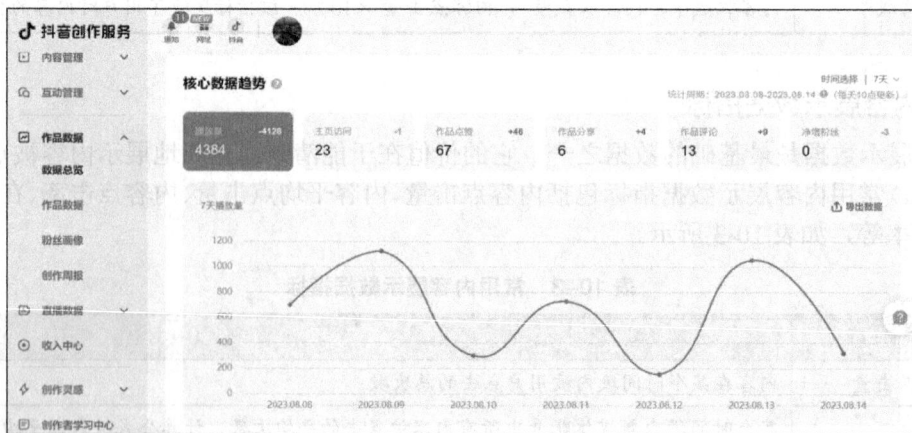

图10-3　抖音平台自带的数据分析工具

3. 第三方数据分析工具

第三方数据分析工具指的是非平台自带的、需要平台授权后才可以使用的数据分析工具。第三方数据分析工具与平台自带的数据分析工具的主要区别在于前期的注册与授权环节，一旦获得授权，第三方数据分析工具的后续操作与平台自带的数据分析工具类似。常见的第三方数据分析工具包括新榜、西瓜数据、蝉妈妈、飞瓜数据、达多多等。图 10-4 所示为新榜首页。

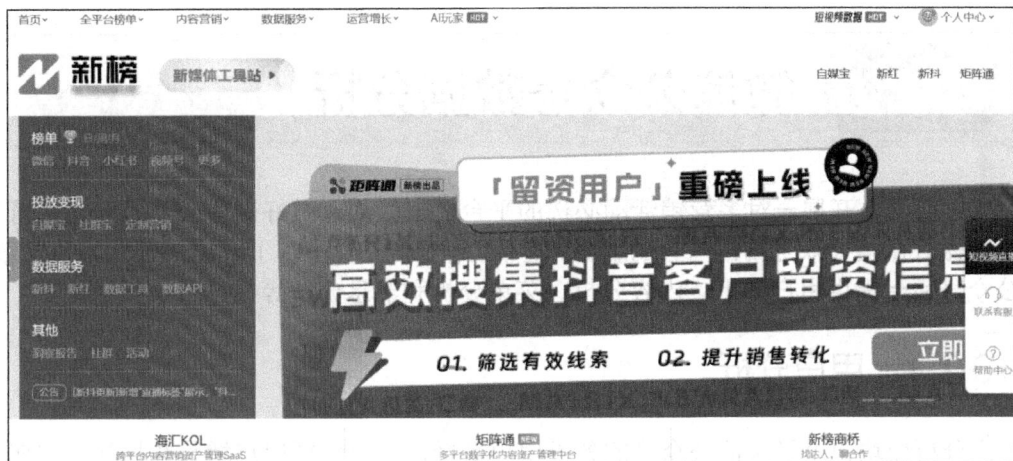

图10-4　新榜首页

（1）新榜。新榜专门对新媒体平台进行数据抓取和检测评估，为企业及投资机构提供数据咨询、媒介营销、会务培训、版权开发、资本对接等方面的服务。新榜基于微信、视频号、微博、抖音、快手、小红书、哔哩哔哩等主流新媒体平台，为用户提供实时数据分析、"带货"商品分析、直播分析等全面的数据监测分析功能；同时提供基于跨平台用户画像的企业定制商品，全方位满足新媒体营销者需求。

（2）西瓜数据。西瓜数据主要提供全网优质公众号查询、监控及诊断等数据服务，并提供多维度的公众号榜单排名、公众号推荐等实用功能，是一款公众号运营及广告投放效果监控的专业工具。目前西瓜数据的公众号数据已经覆盖全国大多数城市，是公众号大数据服务商。西瓜数据可用于对任意公众号进行运营质量检测及广告价值评估，提供公众号粉丝预估、发文分析、违规预警、广告报价预估、广告分析、公众号人群画像等服务。

（3）蝉妈妈。蝉妈妈基于强大的数据分析、品牌营销及服务能力，致力于帮助国内众多达人、多频道网络（Multi-Channel Network，MCN）机构和商家提高营销效率，实现精准营销。蝉妈妈依托专业的数据挖掘与分析能力，构建多维数据、算法模型，为达人、供应链商家、MCN 机构提供直播电商一站式数据解决方案。

（4）飞瓜数据。飞瓜数据是一个短视频和直播电商数据分析平台，可以为抖音、快手和哔哩哔哩等平台上的短视频创作者和主播提供数据分析服务。飞瓜智投是飞瓜数据旗下专注品牌直播的智能运营工具，通过数据驱动直播运营决策，提高直播间流量和成交率。以抖音直播为例，主播可以通过飞瓜智投查看抖音直播电商数据，并以此为依据进行数据分析。

（5）达多多。达多多是一个直播电商数据分析服务网站。达多多通过对直播生态数据进行全面且深度的商业价值挖掘，为达人主播、品牌商家和服务机构提供"找达人找商品""直播数据监控""短视频'带货'提效""电商大盘分析"等服务。作为专业的短视频直播数据分析平台，达多多秉持着"价格低、服务好、数据准"的服务宗旨，服务广大用户。

4. Excel

有一定办公软件操作基础的新媒体营销人员可以借助 Excel 进行数据分析。人工统计的数据包括评论类别、同行口碑、行业标杆拆解等数据。平台自带的数据分析工具及第三方数据分析工具都不具备这类数据的抓取统计功能。此类数据经过人工记录后，可以利用 Excel 进行分类汇总与分析。

10.2 微信公众号数据分析

微信公众号是开展一对多营销活动必选的平台之一。要想做好微信公众号营销，营销人员除了要做好微信公众号日常内容的编辑、发布工作外，还要及时了解微信公众号日常数据。微信公众号后台提供用户分析、内容分析、菜单分析和消息分析等数据分析板块。

10.2.1 用户分析

用户分析板块记录了微信公众号的各类用户数据，主要包括用户增长数据和用户属性数据，分别对应微信公众号的涨粉量和用户画像，营销人员应重点分析这两类数据。

1. 用户增长数据

用户增长数据反映了账号粉丝的增长趋势及其原因，主要包括 4 个关键指标，分别是新关注人数、取消关注人数、净增关注人数和累计关注人数。其中，新关注人数直接反映了粉丝的增长情况，是用户分析板块中非常重要的指标。因此，营销人员可以重点关注用户增长数据中的新关注人数。

登录微信公众平台，在后台左侧的列表中选择"数据"栏中的"用户分析"选项，在打开页面的"用户增长"选项卡中即可查看用户增长数据，如图 10-5 所示。

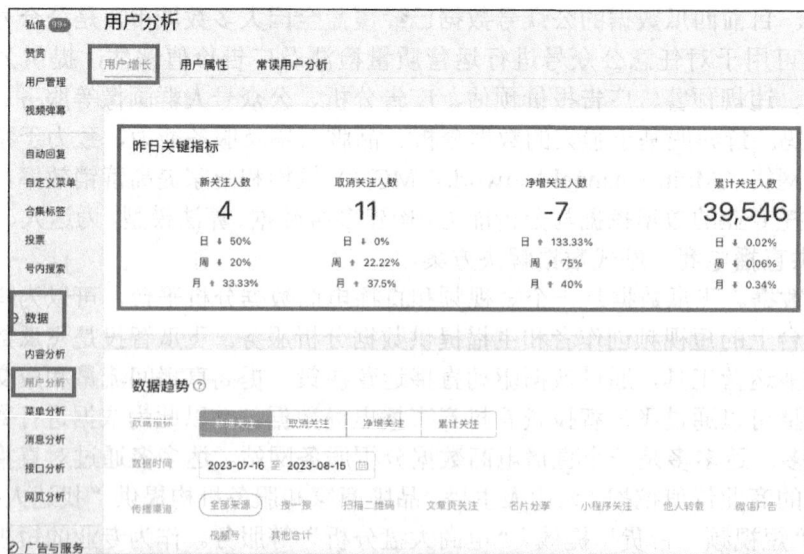

图10-5　查看用户增长数据

2. 用户属性数据

用户属性数据反映了账号粉丝的基本情况，主要包括人口特征、地域归属、访问设备等方面的指标。营销人员分析用户属性数据可以得知微信公众号的定位是否精准，以便调整营销策略。图 10-6 所示为用户属性数据。图中微信公众号的粉丝主要是 18 ～ 35 岁的用户，这与品牌目标用户相符，说明微信公众号的定位较为精准。

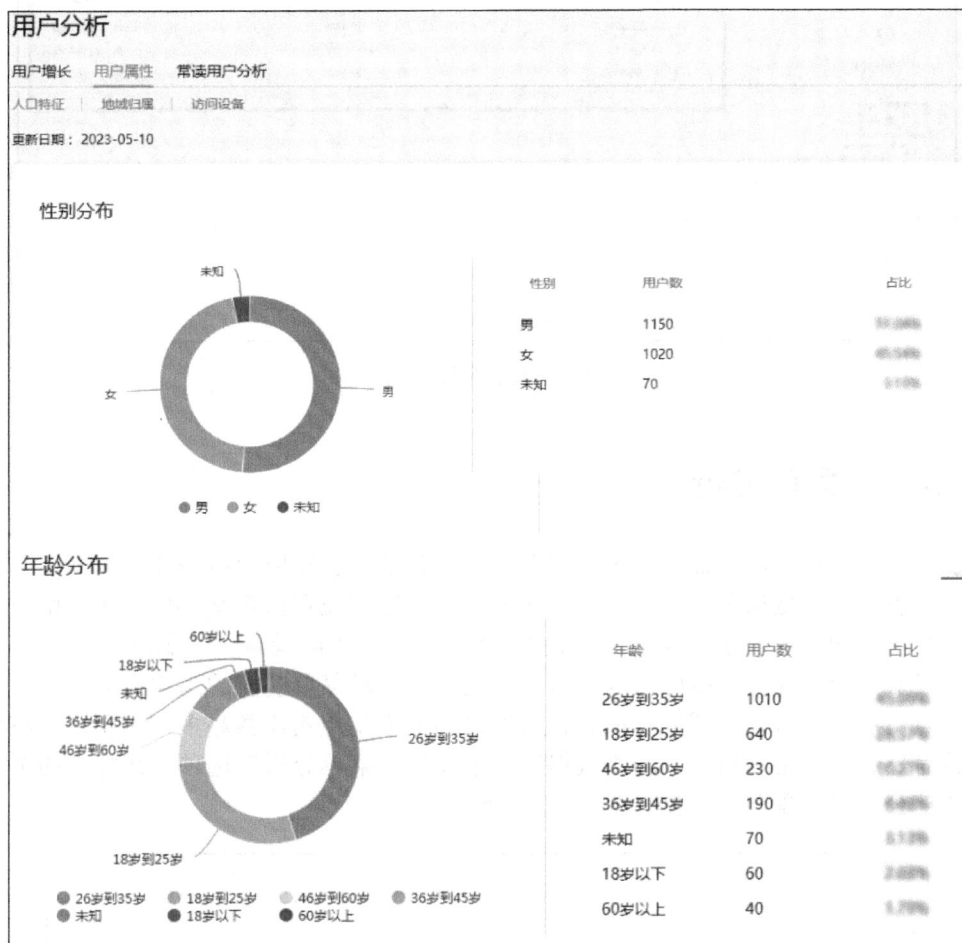

图10-6　用户属性数据

10.2.2　内容分析

内容分析是指分析微信公众号发布的图文内容、多媒体内容的数据，能够帮助营销人员了解微信公众号内容的传播效果。其中，群发分析针对的是图文消息数据，多媒体分析针对的是视频、音频数据。

在内容分析板块，除了可以看到全部群发数据以外，还可以看到单篇群发数据。对于主要内容发布形式为图文的微信公众号来说，分析主要围绕图文阅读量展开。

查看全部群发数据的具体操作：在微信公众平台左侧列表中选择"数据"栏中的"内容分析"选项，在打开页面的"群发分析"选项卡中单击"全部群发"超链接，在打开的页面中可查看全部群发数据，如图 10-7 所示。

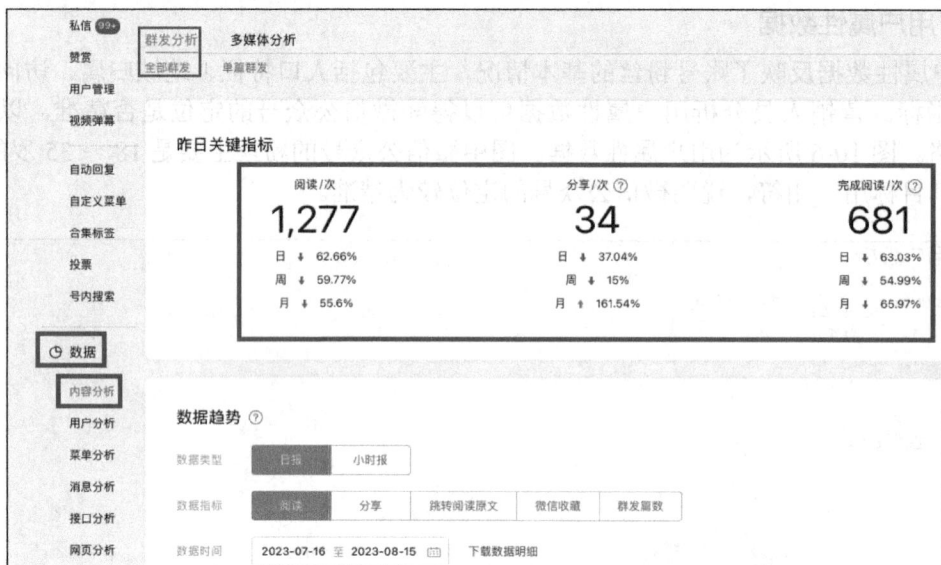

图10-7 查看全部群发数据

10.2.3 菜单分析

对于微信公众号而言，菜单设置得越合理，越有助于引导用户点击并了解微信公众号服务、内容特色等。在微信公众号中，可以在消息界面底部设置自定义菜单，作为用户互动的入口。用户可以通过点击菜单选项，收到设定好的响应，如收取消息、跳转链接等。

通过菜单分析，营销人员可以看出微信公众号用户对菜单功能的满意程度和用户活跃程度。菜单点击次数越多，说明服务的覆盖人群越多；人均点击次数越多，说明用户越活跃。

在微信公众平台左侧列表中的"数据"栏中选择"菜单分析"选项，在打开的页面中即可查看微信公众号菜单分析数据，如图10-8所示。

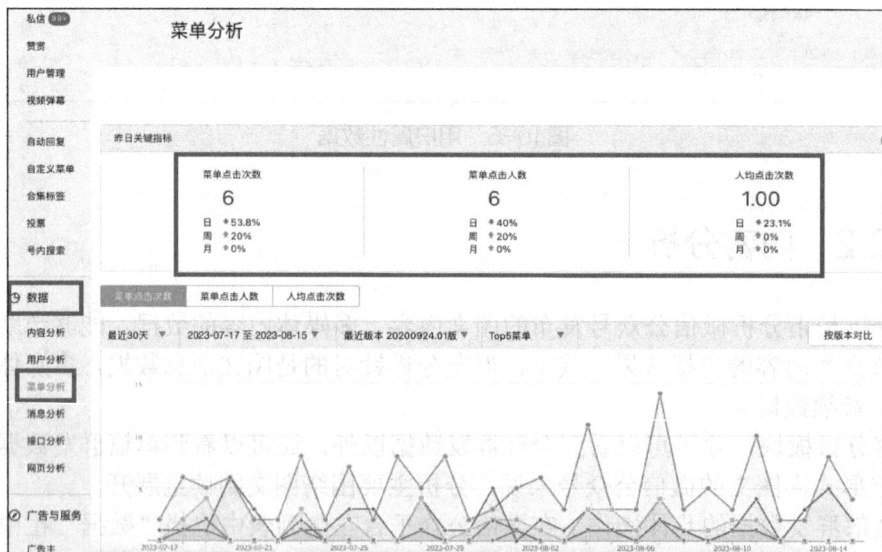

图10-8 查看菜单分析数据

⊕ 10.2.4 消息分析

消息分析是微信公众号的重要部分，会直接反映微信公众号的活跃程度。在微信公众平台能够看到一段时间内的消息发送人数、人均发送次数等，营销人员可以根据这些数据来分析一段时间内的信息推送频率和送达频率，进而有针对性地调整信息推送频率，最大限度地迎合粉丝的阅读习惯，提升营销效果。

在微信公众平台左侧列表中的"数据"栏中选择"消息分析"选项，在打开的页面中即可查看消息分析数据，如图10-9所示。

昨日关键指标模块：会显示昨日消息发送人数、消息发送次数、人均发送次数，以及与前天、7天前、30天前的数据对比结果，体现为日、周、月的百分比变化。

关键指标详解趋势图：可展示7日、14日、30日或某个时间段的消息发送人数、消息发送次数、人均发送次数的变化趋势。

消息发送人数：关注者主动发送消息的人数。

消息发送次数：关注者主动发送消息的总次数。

人均发送次数＝消息发送次数÷消息发送人数。

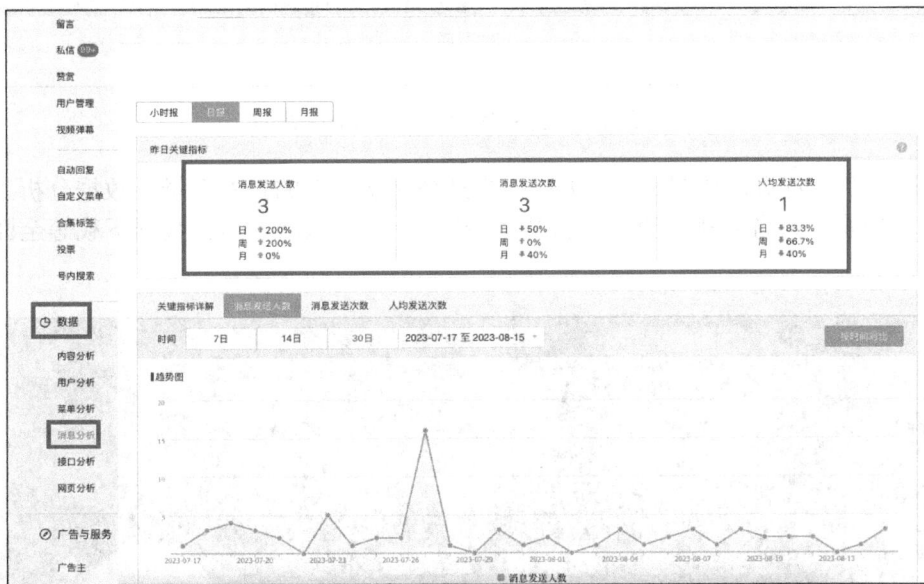

图10-9　查看消息分析数据

10.3　短视频数据分析

在运营短视频账号的过程中，及时对账号各项运营数据进行汇总和收集，有利于短视频营销人员掌握短视频账号的运营状态，并根据运营数据及时调整营销策略，提高短视频账号的竞争力。下面以新榜抖音版（即新抖）为例，介绍使用第三方数据分析工具进行短视频数据分析的方法。

🔍 10.3.1　抖音号授权

在新榜抖音版进行抖音号授权的具体操作步骤如下。

（1）登录新榜，选择"短视频数据"→"新抖-抖音数据"选项，如图10-10所示。

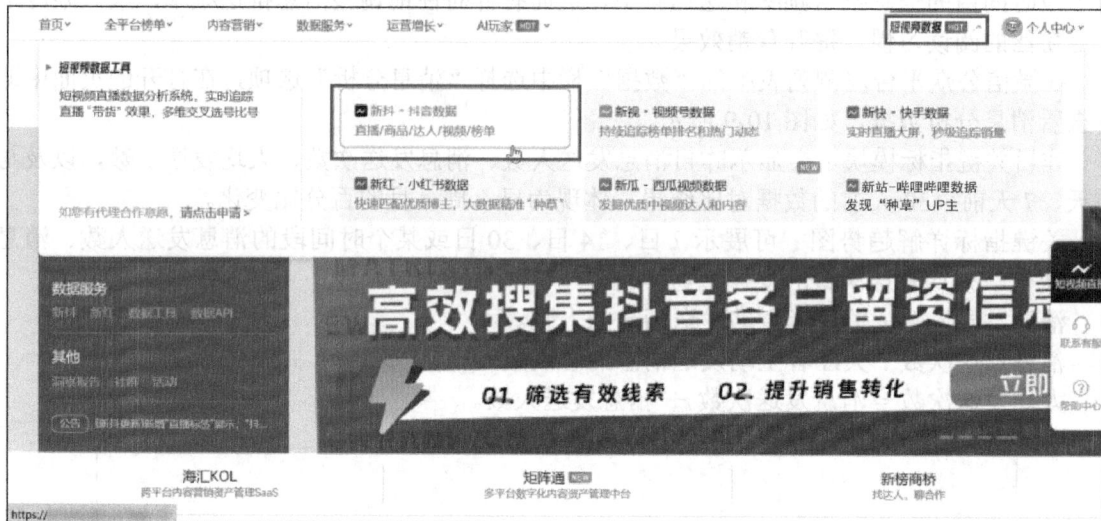

图10-10　选择"新抖-抖音数据"选项

（2）进入新抖首页，如图10-11所示。新抖是新榜旗下的抖音全场景数据分析工具，提供创意素材搜索、抖音号排行查找、直播"带货"、打卡探店、运营数据下载等全面的在线数据服务。

图10-11　新抖首页

（3）选择"我的工作台"→"我授权的抖音号"→"添加授权抖音号"选项，如图10-12所示。

图10-12　选择"添加授权抖音号"选项

（4）输入需要绑定的抖音号，单击"前往授权"按钮，如图 10-13 所示；用抖音 App 同意授权，如图 10-14 所示。

图10-13　单击"前往授权"按钮

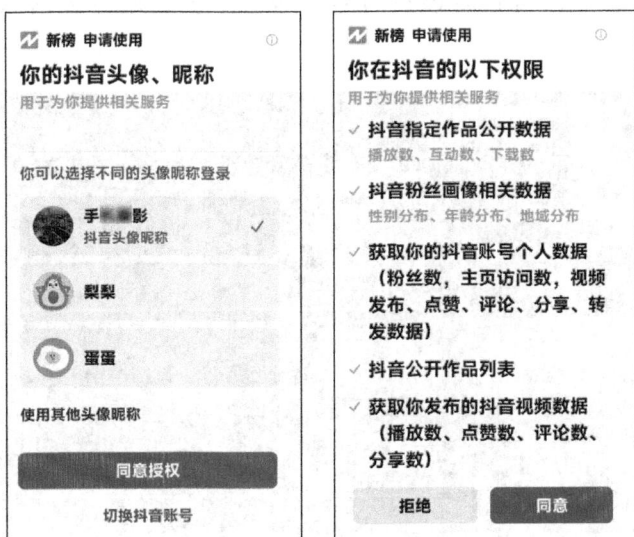

图10-14　同意授权

（5）授权成功后，抖音号即可与新抖账号绑定，如图10-15所示。

图10-15　抖音号绑定成功

（6）单击"开启数据查看"按钮，确认开启抖音号的数据查看，如图10-16所示。

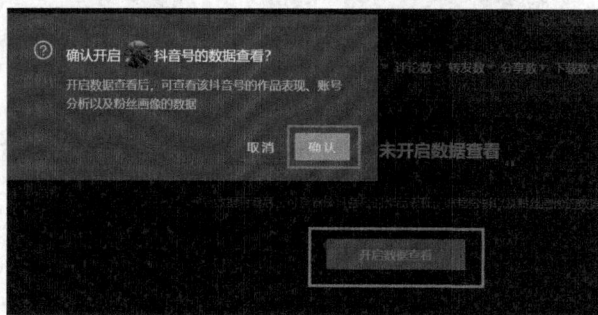

图10-16　确认开启抖音号的数据查看

（7）开启数据查看后，可查看该抖音号的视频数据、账号数据以及其他数据，如图10-17所示。

图10-17　查看抖音号的数据

10.3.2　分析短视频数据

在新抖分析短视频数据的具体操作步骤如下。

（1）登录新抖首页，选择"短视频"→"'爆款'速递"选项，选择作品类别后，可概览热门短视频的新增收藏、新增分享、新增评论、新增获赞等数据，如图10-18所示。此时也可以选择进入某个视频详细分析。

图10-18　"爆款"速递

（2）单击想要查看的视频，进入视频详情页，查看该视频的趋势表现，如图10-19所示。在视频详情页中可查看视频的获赞变化趋势、评论变化趋势。

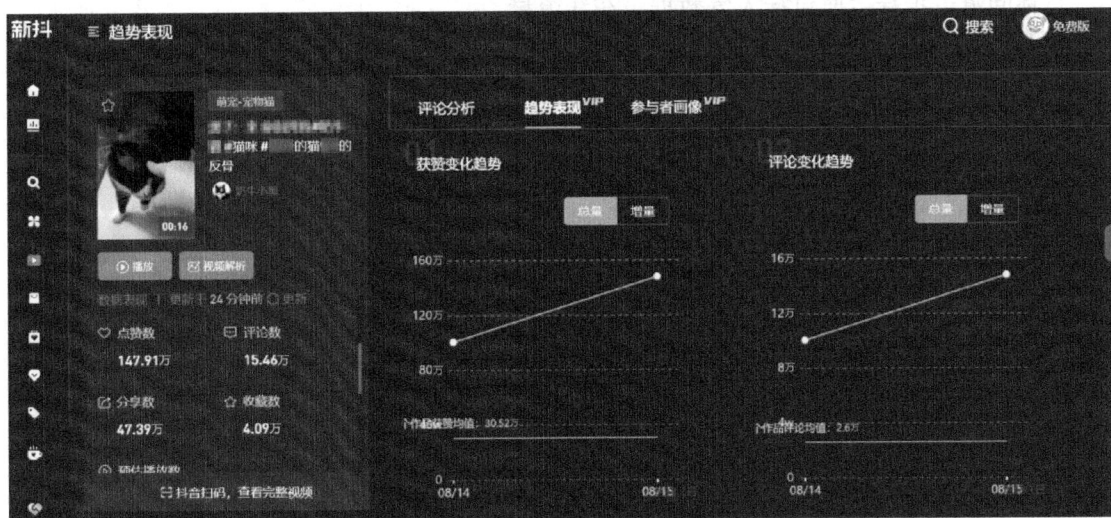

图10-19　查看视频的趋势表现

（3）选择"短视频"→"热门话题"选项，进入热门话题页面，可以查看热门话题中的短视频，如图10-20所示。

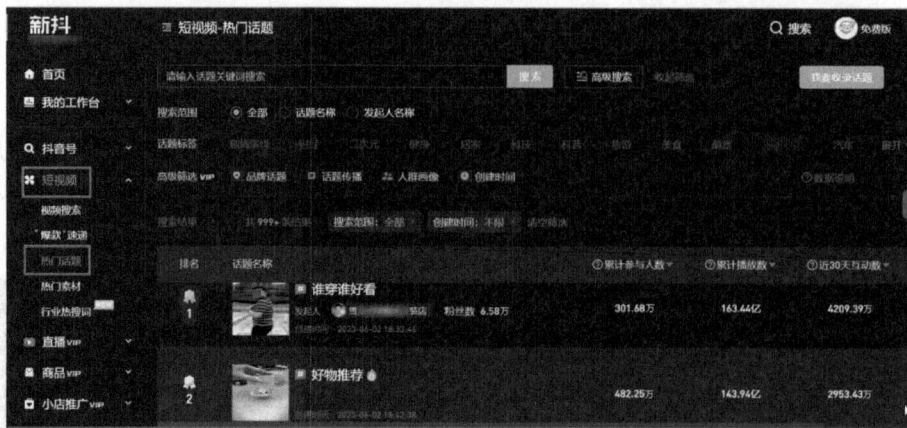

图10-20　热门话题页面

10.4 直播数据分析

各个直播平台在后台为直播营销人员提供了数据分析工具。如果营销人员想要获得更多、更详细的数据，可以使用第三方数据分析工具。下面以第三方数据分析工具达多多为例，介绍抖音直播数据分析的方法。

10.4.1 流量指标

直播间流量指标主要包括人气数据、在线流量。

1. 人气数据

人气数据包括观看人次、人气峰值、平均在线、累计点赞、涨粉人数、转粉率等。图 10-21 所示为某直播间的人气数据。

图10-21　某直播间的人气数据

人气数据主要用于考察直播间的人气，一场直播的人气数据达标，那么该场直播就可以认为是成功的。

2. 在线流量

例如，利用达多多分析某场直播数据，如图 10-22 所示。

图10-22　分析某场直播数据

主播可以巧妙地运用技巧提高直播间的在线流量，具体方法如下。

（1）多上一些引流款商品。

（2）主播提升自己的引导力、感染力和亲和力。

（3）商品的类目、价格等要与目标用户相匹配。

（4）改善直播间的布景，提升用户的观看体验。

> **小提示**
>
> 在线流量低的原因可能是私域流量不够或者是公域流量权重不够。改进要点就是在引流上下功夫。引流主要有两种方式：付费引流和免费引流。

10.4.2　互动指标

互动指标主要是指直播间的用户互动行为数据。互动行为主要包括点赞、评论和关注等。

直播间的互动越活跃，代表直播间出镜的主播与用户之间产生信任的概率越大。互动指标包括互动情况、关注情况等。

互动情况包括本场点赞数，如图 10-23 所示。关注情况包括本场新增关注，如图 10-24 所示。

如果直播间的观众互动率较低，直播营销团队就可以初步判断商品吸引力不足或主播推荐商品的力度不足，需要找出弥补不足的方法。

189

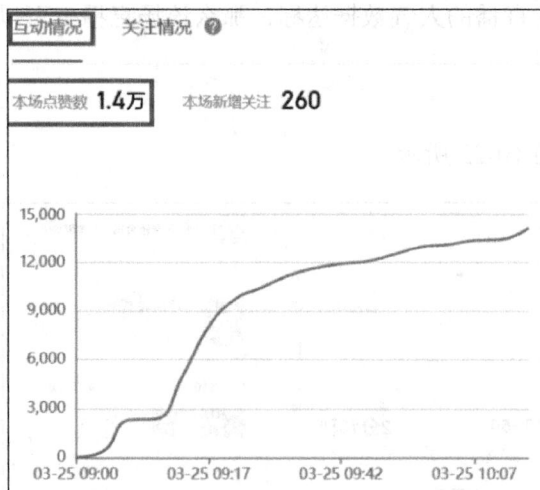

图10-23　互动情况

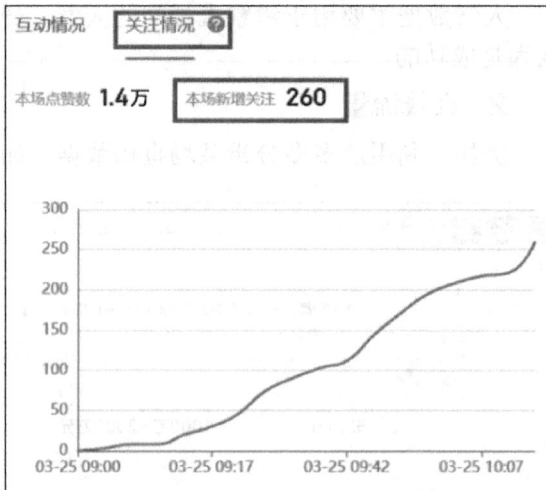

图10-24　关注情况

10.4.3　转化指标

转化指标与流量指标和互动指标是密切相关的。

转化指标对成交量有直接的影响。虽然流量十分重要，但如果转化率太低，直播间流量再大也起不了太大作用。转化指标主要有以下两类。

1. 转化漏斗数据

转化漏斗数据包括累计观看人次、商品销量和整体转化率等，如图10-25所示。由图可见，该场直播整体转化率为14.95%，可见用户点击商品后下单购买的很多，由此推测，商品吸引力和主播的引导力都较强。

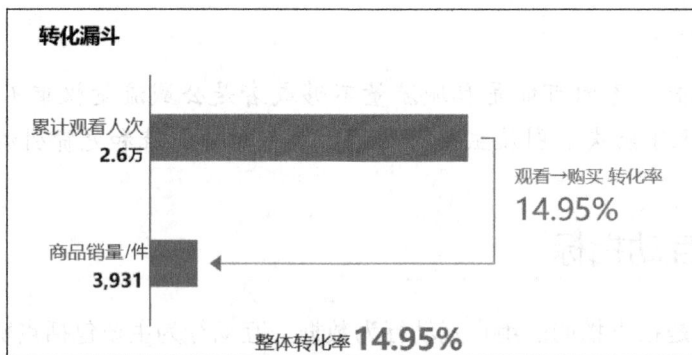

图10-25　转化漏斗数据

2. "带货"数据

"带货"数据包括本场销售额、销量、客单价、上架商品、"带货"转化率、UV（用户人均）价值、RPM，如图10-26所示。

UV价值代表每个用户对直播间的贡献值，UV价值高表示用户拥有较强的购买能力，主播可以用更好的高利润商品深挖用户的消费潜力。直播间 UV 价值的中位数在 1 左右，有的直播间的 UV 价值高的甚至可以达到 10 以上。精准用户是直播间 UV 价值的关键影响因素。

图10-26　"带货"数据

RPM 是每分钟带货销售金额，是衡量主播"带货"能力的核心指标。利用 RPM 可以更好地进行数据对比，也有助于在下播后更好地进行直播复盘。

素质课堂

　　相关调查显示，某些直播间的退货率高达 30%，而线下实体店的退货率通常不会超过 3%。那么，是什么导致了直播间如此之高的退货率？冲动购物、商家的虚假和夸大宣传、商品尺码不对、商品质量问题、发错货、价差问题等都可能是退货的原因。

　　在直播行业中，用户大多是出于信任主播和追求价格优惠来购买直播商品的，而想要赢得用户长期的信任，主播必须对自己所宣传的商品负责。主播和商家不仅要保证商品质量，还要保证及时发货、配送等。购买直播商品的用户大都是主播的粉丝，一旦商品出现质量问题，主播口碑下滑，粉丝就很容易流失，从而会导致销量下滑。

技能实训——使用抖音平台分析短视频数据

　　使用抖音平台分析短视频数据时，营销人员应先分析账号的整体数据，然后具体分析短视频数据（即作品数据）和粉丝数据，以期找出抖音营销存在的问题。具体操作方法如下。

　　（1）打开抖音 App，单击首页右上角的◎图标，在打开的菜单中选择"抖音创作者中心"选项，如图 10-27 所示。

　　（2）在打开的界面中选择"账号数据"后的"详情"选项，如图 10-28 所示，进入"数据中心"界面，切换至"总览"选项卡可查看账号诊断信息，如图 10-29 所示。

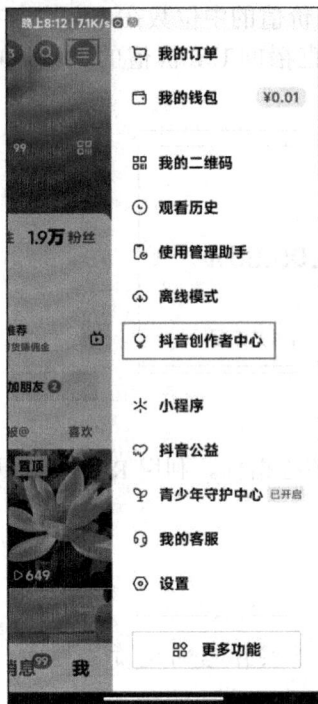

图10-27　选择"抖音创作者中心"选项

图10-28　选择"详情"选项

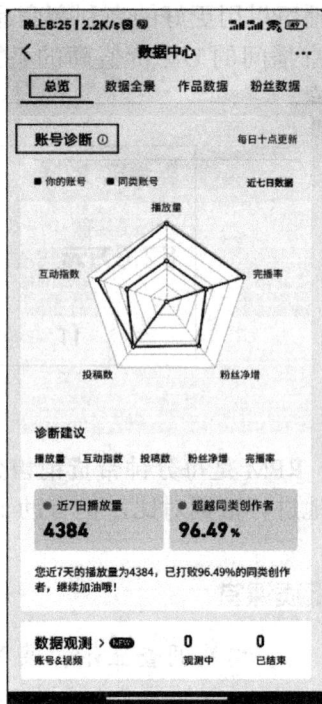

图10-29　查看账号诊断信息

（3）在"账号诊断"栏下方的"核心数据概览"栏中可以查看账号核心数据，如图 10-30 所示。

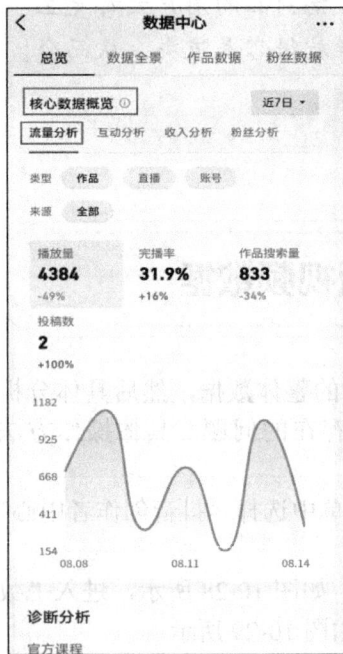

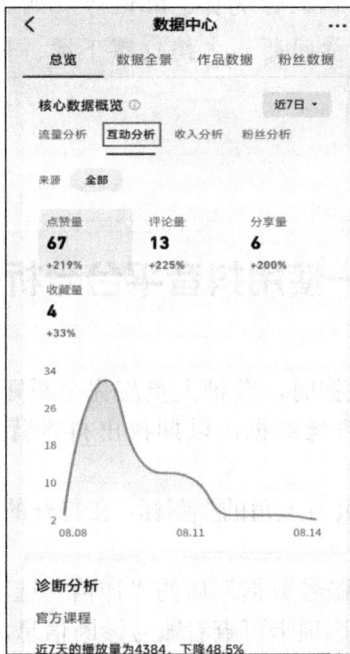

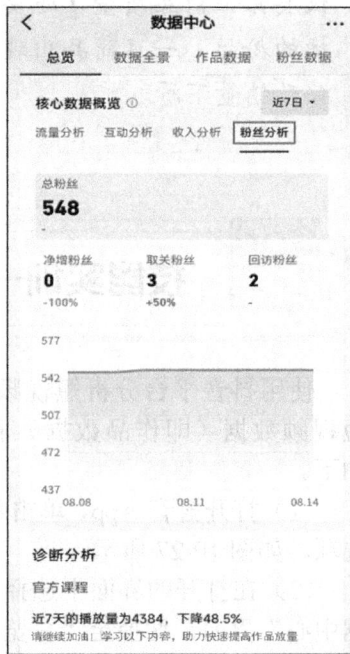

图10-30　查看账号核心数据

（4）切换至"作品数据"选项卡可查看作品数据，如图10-31所示。

图10-31　查看作品数据

（5）切换至"粉丝数据"选项卡可查看粉丝数据，包括粉丝分析、粉丝画像、粉丝兴趣等，如图10-32所示。

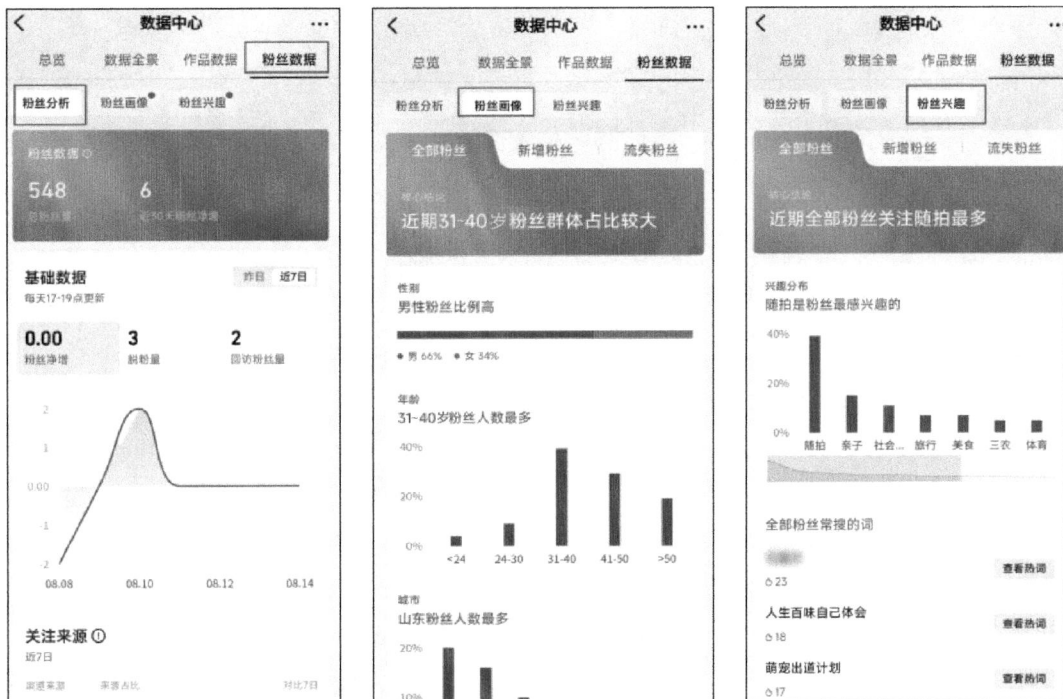

图10-32　查看粉丝数据

思考与练习

一、填空题

1. _____ 就是收集数据后加以详细研究，提取有用信息，并形成结论的过程。

2. _____ 即根据数据分析的需要收集相关的数据，它是新媒体营销团队开展数据分析的一个必要环节。

3. _____ 指标主要包括页面浏览量、新增关注人数、累计关注人数等。

4. _____ 指标包括内容点赞量、内容评论量、内容转发量等。

5. _____ 指的是非平台自带的、需要平台授权后才可以使用的数据分析工具。

二、简答题

1. 新媒体数据分析的意义有哪些？

2. 新媒体数据分析的流程是怎样的？

3. 新媒体数据分析指标有哪些？

4. 常用的新媒体数据分析工具有哪些？

5. 如何通过抖音平台分析短视频数据？